Von der Ge*sinn*ung zum *Sinn*eswandel

Die Transformation zur wahrhaftigen Liebe, die verbindet

In der Vielfalt liegt die Kraft der friedvollen Einheit

Martin Ortus

IMPRESSUM

Bibliografische Information der Deutschen Nationalbibliothek:
Die Deutsche Nationalbibliothek verzeichnet diese Publikation in der
Deutschen Nationalbibliografie, detaillierte bibliografische Daten
sind im Internet über dnb.d-nb.de abrufbar.

Von der Gesinnung zum Sinneswandel von Autor Martin Ortus
© 2024 Martin Ortus. Alle Rechte vorbehalten.
1. Auflage 2024
Verlag: BoD · Books on Demand GmbH, In de Tarpen 42, 22848
Norderstedt
Druck: Libri Plureos GmbH, Friedensallee 273, 22763 Hamburg
ISBN: 978-3-7597-8505-3
Umschlagbild: lizenzfreies Foto

Ein persönliches Wort zuvor:

Ich verwende aus Gründen der besseren Lesbarkeit im nachfolgenden Text jeweils entweder die männliche oder weibliche Form, achte dabei aber auf keine Quote. Trotzdem dürfen sich bei dem Inhalt beide Geschlechter und Diverse gleichermaßen angesprochen fühlen, denn die allmächtige Liebe trennt nicht in Geschlechter und sie wiegt auch nicht auf.

„Liebe ist die stärkste Macht der Welt,

und doch ist sie die demütigste,

die man sich vorstellen kann."

(Mahatma Gandhi)

„Der Geist, der allen Dingen Leben verleiht,

ist die Liebe."

(Chinesische Weisheit)

Bedingungslose Liebe:

„Für die meisten wohl immer noch eine Illusion,

für viele eine erstrebenswerte Vision

und für etliche Menschen bereits Realität."

(Martin Ortus)

Inhalt

KONFORMISMUS versus Vielfalt, Eigenverantwortung und Authentizität

„Wahre Worte sind nicht immer schön,
schöne Worte sind nicht immer wahr. "

Dies war eine Erkenntnis von Laotse. So werden meine Worte der Klarheit in diesem Buch für die einen wohltuend bzw. klärend, für andere möglicherweise schmerzlich oder sogar abstoßend sein. Mutig und anerkennenswert empfinde ich es, wenn Letztere dieses Buch bis zu Ende lesen, um es danach inspirierend auf sich wirken zu lassen. Das wäre der Beginn eines Beitrags zum gegenseitigen Verständnis innerhalb der Bevölkerung. Deine Ausdauer beim Lesen wird außerdem in der zweiten Hälfte des Buches mit schöneren Worten belohnt, die sich der höheren Wahrheit widmen, welche für manche noch gewöhnungsbedürftig sein mag, weil es das bisherige eigene Weltbild durcheinanderwirbelt. Dies ist im Leben allerdings immer so, wenn man sich auf etwas Neues einlässt und deshalb nicht tragisch. Tragisch wird es erst dann, wenn du durch deine neuen Erkenntnisse dein bisheriges Leben in Frage stellst und dir möglicherweise Vorwürfe machst, es nicht besser gewusst zu haben. Dies fördert nämlich die Gedanken des eigenen Versagens. Wir können jedoch immer nur das erfahren, wofür wir grundsätzlich offen sind. Wenn uns ein geschlossenes, unveränderliches Weltbild bisher mehr Sicherheit und Stabilität gegeben hat, dann ist das halt so. Es ist kein Grund zur Selbstverurteilung, die uns möglicherweise trotzig an alten Überzeugungen festhalten lässt. Vielmehr bietet die eigene Aufgeschlossenheit für Unbekanntes eine spannende Möglichkeit, nun einen anderen Weg einzuschlagen, der unseren geistigen Horizont erweitert und uns in unserer eigenen Entwicklung weiter voranbringt.

Dieses vertrauensvolle, unbefangene Einlassen auf etwas Neues ist deshalb eine bewundernswerte, mutige Entscheidung, die nicht nur unserem inneren Wachstum, sondern auch der Erweiterung des eigenen und kollektiven Bewusstseins dient. Die Neuausrichtung des eigenen Lebens durch veränderte WAHR-nehmungen hat letztlich auch Auswirkungen auf gesellschaftliche Veränderungsprozesse. So entsteht ein evolutionärer Wandel durch einen Multiplikatoreneffekt.

Was für meine weiblichen, männlichen und diversen Leser letztlich wahr ist, bleibt ihnen selbst überlassen und hängt von ihrer eigenen Vita, Lebenswirklichkeit sowie ihrem Glauben ab. Möglicherweise tauchen sie hier sogar neugierig in eine neue Welt ein, die sie zu faszinieren beginnt. Dann wäre es mir gelungen, Türen für unterschiedliche Sichtweisen und Haltungen zu öffnen, die nebeneinander ihre Berechtigung behalten, ohne Abwertung oder gar Verurteilung und Ausgrenzung. Denn das ist es, was unsere Gesellschaft aus meiner Sicht wieder ganz dringend braucht: Eine gleichberechtigte Vielfalt, die wechselseitig anerkennend, aber nicht unbedingt zustimmend, eine verbindende Einheit des bedingungslosen Friedens bildet. Der Schlüssel, welcher die Türen zu anderen Menschen mit ihren eigenen Sichtweisen und Überzeugungen öffnet, liegt dabei in uns selbst durch eine veränderte, tolerantere, wertschätzendere, menschenwürdige Haltung und innere Einsichten, die den eigenen energetischen Raum ausweiten. Das bedeutet, nicht mit vorgefertigten Feindbildern übereinander zu reden, sondern sich miteinander auf Augenhöhe persönlich und real auszutauschen sowie vorurteilsfrei den Meinungen anderer zu lauschen. Hierdurch könnte sich nämlich ein besseres, offenherziges, achtsames, liebe- und würdevolles Verständnis füreinander entwickeln, um Brücken zu bauen und sogar wieder Gemeinsames sowie wechselseitig Bereicherndes in der Vielfalt des Lebens zu entdecken.

Für jemanden wie mich, der seit früher Jugend freiheitlich, selbstbestimmt und eigenverantwortlich denkt sowie handelt, war schon seit längerem ein wachsender Konformismus durch zentralistische Normierungen und Standardisierungen in unserer Gesellschaft offenkundig. Die Menschen wurden über Jahrzehnte hinweg allmählich an zunehmende Technisierung und Digitalisierung mit entsprechenden Kontroll- und Überwachungsmechanismen sowie eingeschränkten Handlungsmöglichkeiten gewöhnt. Dieser Prozess gestaltet sich so, dass immer leistungsfähigere Geräte und Software auf dem Markt angeboten werden, die nicht nur verlockend sind und insofern eine Sogwirkung haben. Es führt auch dazu, dass derjenige, der sich dem entzieht, nicht mehr vollständig zur Gemeinschaft gehört, weil er weniger vernetzt ist und bei bestimmten Dingen der digitalen Welt nicht mehr mitreden bzw. mitwirken kann. Dadurch fühlt man sich irgendwann ausgeschlossen und lässt sich dann doch von dem großen zentral gesteuerten Trend mitreißen. Vor allem im Arbeitsleben ist dieser Druck sehr stark spürbar und führt zum Ausschluss, wenn man sich der allgemeinen Entwicklung verweigert. Insofern bin ich davon auch nicht frei. Andererseits hat die weltweite digitale Vernetzung auch

Vorteile gebracht. Kontakte können überall auf der Welt einfach und zu jeder Zeit geknüpft werden. Man kann sich online austauschen, sich sehen und Informationen ohne Aufwand sammeln. Auch das Schreiben von Büchern ist viel einfacher geworden, als zu Zeiten des Buchdrucks mit beweglichen Metalllettern und der Druckerpresse sowie der Schreibmaschine.

Dies alles führte im Laufe der Jahrzehnte dazu, dass es für die meisten als besondere Errungenschaft und Fortschritt selbstverständlich wurde. Manche wollten sogar Vorreiter der digitalen Entwicklung sein, um besonders davon zu profitieren. Tatsächlich wurden wir gesellschaftlich davon abhängig gemacht, weil wir es (zumeist unbewusst) zugelassen haben. Viele Menschen fügten sich dieser Entwicklung, um dazuzugehören.

Konrad Zuse, der Erfinder des ersten funktionsfähigen Computers 1941, sagte:

„Die Gefahr, dass der Computer so wird wie der Mensch, ist nicht so groß wie die Gefahr, dass der Mensch so wird wie der Computer."

Digitale Geräte wie Smartphones mit Apps erleichtern einerseits das moderne Leben durch bessere Mobilität und Vernetzung, dienen jedoch andererseits ideal zur ständigen Überwachung. Auch das Vorantreiben des bargeldlosen Zahlungsverkehrs mit einer weltweiten digitalen Währung schließt den leidvollen Kreis der Abhängigkeit und Kontrolle. Wer über die Kontrolle verfügt, hat die Macht zu herrschen. Die künstliche Intelligenz (KI) lässt einerseits einen großen Teil menschlicher Arbeit überflüssig werden, andererseits verhindert sie darüber hinaus menschliche, geistig phantasievolle Kreativität. Außerdem fördert sie den Betrug und die Fälschung. ChatGPT, ein sprach- und textbasierter Chatbot, ist momentan der Renner unter den KI-Anhängern. Er eignet sich vor allem für dialogische Anwendungen, als Ideengeber, Inspirationsquelle oder Hilfe bei der Vorstrukturierung von Texten. Benutzt man dies lediglich als Unterstützung oder Hilfsmittel, kann es entlasten und andere Kapazitäten freisetzen. Unterwirft man sich gläubig dieser Technik, besteht unbemerkt die Gefahr, aus Bequemlichkeit oder unreflektiert immer mehr auf das eigenständige Denken bzw. auf geistige Tätigkeit zu verzichten. Aus meiner lebenslangen Beobachtung und meinen beruflichen Erfahrungen heraus, wird der Mensch zunehmend zum Handlanger moderner Technik und gerät in deren Abhängigkeit. Kreatives Denken und das Erfassen von Zusammenhängen wird dadurch immer weniger trainiert. Dies ist überall erfahrbar. Wir leben in einer Gesellschaft von Verführern und Verführten. Für wenige bringt dieser Trend noch mehr Wohlstand. Bei den meisten Menschen verschärft sich dadurch allerdings die Armut.

Diese Tendenz zur extremen Verarmung wurde nun seit über 3 Jahren noch zusätzlich massiv betrieben, mit den Zugangsbeschränkungen in Hotels, Restaurants, Bars, im Einzelhandel etc. sowie den Zugangs- und Veranstaltungsverboten während der Lockdowns. Es ist für mich offensichtlich, dass damit der Mittelstand zerschlagen werden soll, der insbesondere in Deutschland das Rückgrat der Wirtschaft bildet und bisher einen wesentlichen Standortvorteil darstellte. Auch die Künstlerbranche war im besonderen Maße durch diese unsinnigen, überflüssigen Corona-Maßnahmen betroffen. Für sportliche Großveranstaltungen, insbesondere Fussballspiele, gab es hingegen etliche Ausnahmeregelungen. Warum wohl?

Welch ein Wunder, dass dort der Virus nicht wütete! Ein Schelm, wer Böses dabei denkt.

Interessant empfinde ich, dass es ausgerechnet eine Branche schwer trifft, die mit Unternehmergeist, Flexibilität, Kreativität und selbstständigem Handeln relativ unabhängig vom Staatsapparat ist, aber leider in der Regel über eine geringe Kapitaldecke verfügt. Manche sind durch die erzwungene Situation noch kreativer und flexibler geworden. Andere hingegen sind finanziell und existenziell auf der Strecke geblieben.

Verschleiert wurde das Ganze durch staatliche Zuschüsse, die zum großen Teil wieder zurückgezahlt werden müssen. Mit den staatlichen Zahlungen konnte man einerseits die Maßnahmen gut rechtfertigen, andererseits die Menschen zum Schweigen und Gehorsam bringen sowie abhängig machen. Profiteure sind die Internetkonzerne, die mit dem größten Marktanteil ohnehin schon eine Großmacht mit riesigem Einfluss darstellen. Sie haben Zusatzgewinne in Milliardenhöhe erzielen können. Durch die Nutzung von Steueroasen zahlen diese Unternehmen innerhalb der EU zwischen 1% und 3% auf ihre Gewinne, während mittelständische Firmen durchschnittlich 30% Gewerbesteuer abführen müssen. Dies begünstigt zusätzlich die Verschiebung der Vermögen von unten nach oben in Windeseile. So wird Vielfalt verstärkt durch Einfalt ersetzt, was ebenfalls den Konformismus fördert.

Die Kriegstreiberei und verfehlte Energiepolitik der Bundesregierung im Ukraine-Konflikt sowie die weltfremde, ideologisierte Klimapolitik mit immer mehr gängelnden Regelungen und ausufernder Bürokratie tragen zusätzlich zu den verheerenden Auswirkungen auf den Mittelstand, die Landwirtschaft und die gesellschaftliche Mittelschicht bei. Denn die durch zunehmende Kredite und immer höhere Abgaben finanzierte steigende Staatsquote zahlen diese Leistungsträger über ihre Steuern. Die Ausgaben für

Waffenlieferungen in Kriegsgebiete, die das Volk nicht will, landen als Profite bei den Rüstungskonzernen und den Spekulanten der Finanzkartelle. Dies führt ebenfalls zu erzwungenen Steuererhöhungen und Kürzungen von Sozialleistungen sowie Infrastrukturausgaben. Die Superreichen verlassen hingegen das Land oder rechnen sich durch legalisierte Steuersparmodelle arm.

Im „Vertrag über die abschließende Regelung in Bezug auf Deutschland", dem sogenannten ‚2+4-Vertrag' vom 12. September 1990 hatte sich die BRD feierlich verpflichtet, „dass von deutschem Boden nur Frieden ausgehen wird." Wer jedoch schwere Waffen und Panzer liefert, unterstützt nicht nur den Krieg, sondern ist aktiv daran beteiligt. Die Außenministerin BaerBock hat dies im Übrigen mit ihrer Äußerung „Wir sind im Krieg mit Russland" ungestraft und ohne großen öffentlichen Protest bekräftigt. Dies ist nur einer von vielen „Böcken, die sie geschossen" hat.

Demzufolge erwägt Russland, den Vertrag zu kündigen, weil die BRD mit ihrer Kriegspolitik massiv dagegen verstößt. Der Föderationsrat hat bereits zugestimmt. Sollte Putin diese Entscheidung treffen, hätten wir wieder den ursprünglichen Besatzungsstatus. Eine Option wäre dann, den ostdeutschen Teil mit Schlesien und Pommern zu einer neutralen Zone zu erklären.

Artikel 26 des Grundgesetzes formuliert eindeutig:

*(1) Handlungen, die geeignet sind und in der Absicht vorgenommen werden, **das friedliche Zusammenleben der Völker zu stören, insbesondere die Führung eines Angriffskrieges vorzubereiten, sind verfassungswidrig. Sie sind unter Strafe zu stellen.***

Eine Außenministerin, die in diesem Sinne verfassungsfeindlich agiert, ist unverzüglich ihres Amtes zu entheben und strafrechtlich zu verfolgen.

In Artikel 21 des Grundgesetzes heißt es weiter:

> **(2)** *Parteien, die nach ihren Zielen **oder nach dem Verhalten ihrer Anhänger** darauf ausgehen, die freiheitliche demokratische Grundordnung zu beeinträchtigen oder zu beseitigen oder **den Bestand der Bundesrepublik Deutschland zu gefährden, sind verfassungswidrig.***

Frau Strack-Zimmermann, die Mitglied des FDP-Präsidiums und des Vorstands der FDP-Bundestagsfraktion ist, heizt an vorderster Front die Kriegslüsternheit in übelster Weise an. Sie zündelt und gefährdet damit seit längerem, neben einigen Abgeordneten der Grünen und nun auch der SPD, den Bestand der BRD.

Ex-SPD-Chef Gabriel aktuell in der Frankfurter Rundschau vom 15.06.2024, 05:05 Uhr: „Wir werden Russland niederringen müssen" – notfalls „mithilfe der Bundeswehr"

Verteidigungsminister und „Sozialdemokrat" Pistorius führt in einem NTV-Artikel vom 05.06.2024, 16:26 Uhr aus: „Deutschland müsse "kriegstüchtig" werden, er wolle zudem eine echte Wehrpflicht einführen."

Die Eskalation wird immer heftiger. Offenbar wird nunmehr sogar Kieg auf deutschem Boden vorbereitet. Wer glaubt, gegen Russland einen erfolgreichen Krieg mit einem Sieg führen zu können, ist nicht von dieser Welt und überdies brandgefährlich. Denn ein dritter Weltkrieg würde die totale Zerstörung Deutschlands bedeuten. Die letzten beiden Weltkriege sind mahnende Zeugen dafür. Auch ein neuer „kalter Krieg" wäre fatal. Deshalb können nur diplomatische Verhandlungen zum Ziel führen, es sei denn man will einen Untergang Deutschlands.

Wo ist in diesen Fällen die Staatsanwaltschaft? Warum legt kein Anwalt Verfassungsbeschwerde ein?

Denn es gibt momentan keinen Verteidigungs- oder Bündnisfall. Russland hat weder Deutschland noch einem anderen Nato-Mitgliedsstaat den Krieg erklärt.

Warum gibt es kein Parteiausschlussverfahren gegen diese Mitglieder?

Und warum kämpfen diese größenwahnsinnigen Kriegshetzer nicht als Soldaten und Soldatinnen an der Seite der Ukrainer, wenn ihnen Waffen und Krieg so eine innere Befriedigung verschaffen?

Je länger die Waffenlieferungen andauern und je vernichtender die Waffen sind, umso länger dauert der Krieg mit zig Tausenden von Toten, der einen Frieden verhindert. Das ist eine Binsenwahrheit. Alle bisherigen Kriege der Welt mit zig Milliarden Toten sind ein trauriger Beweis dafür. Noch nie wurde wirklicher Frieden durch Krieg geschaffen! Allenfalls Waffenstillstand. Was ist das für eine Ignoranz und Geschichtsvergessenheit? Wofür gibt es eigentlich noch teuer bezahlte Diplomaten? Und wie kann Deutschland mittelbar und möglicherweise sogar unmittelbar Krieg gegen Russland führen, nach dem verheerenden Desaster im 2. Weltkrieg? Die BRD hat sich trotz des Friedensschwurs in den Krieg hineinziehen lassen, weil sie unter dem Joch der USA steht. Zu allem Überfluss soll nun auch noch die Wehrpflicht wieder eingeführt werden, um dann mehr deutsche Männer an die Front schicken zu können. Deshalb wird wohl auch die eilige Einbürgerung von Einwanderern vorangetrieben. Diese Kriegspolitik erfolgt nach dem gleichen Muster der

Legende einer vermeintlichen Alternativlosigkeit, wie bei den Corona-Maßnahmen.

Die absurde Vorstellung der EU, Sanktionen erfolgreich gegen Russland zu betreiben, indem man kein Gas mehr von dort bezieht, hat sich – wie zu erwarten war - als Bumerang herausgestellt. Den Schaden hat nicht Russland, weil es sein Gas nämlich an andere Länder wie China gewinnbringend verkauft, während wir dann das verteuerte Gas von diesen Drittländern beziehen, was in der Folge die Gas-Kunden völlig überteuert zahlen müssen. Außerdem hat Deutschland bindende Verträge mit Russland bis 2030, wodurch Zahlungen weiter zu leisten sind, ohne Lieferungen. Die Energiepreise steigen insbesondere in Deutschland überproportional wegen der hohen Besteuerung. Hinzu kommt das Merit-Order-Prinzip bei der Ermittlung des Strompreises an der Börse, der sich am Anbieter mit den höchsten Kosten orientiert. Das sind die Gas-Kraftwerke. Dies hat nun sozusagen über Nacht zu Preissteigerungen für die Endverbraucher bis zu 300 Prozent beim Strom geführt, wodurch wiederum die großen Stromkonzerne zusätzliche Riesengewinne generieren, an denen sie sich bereichern. Dadurch gibt es nun zunehmend weitere Insolvenzen und Betriebsschließungen beim mittelständischen Gewerbe. Auch hier arbeitet die Bundesregierung wiederholt mit der Beruhigungspille von Zuschüssen in Milliardenhöhe durch die Energiepreisbremse, die letztlich wiederum die Steuerzahler selbst tragen müssen. Außerdem wirkt diese Deckelung der Strom- und Gaspreise zusätzlich noch wettbewerbsverzerrend. Darüber hinaus öffnet sie dem Betrug durch die Versorger Tür und Tor. Derjenige, der wahllos überhöhte Preise verlangt, streicht unberechtigte satte Gewinne ein und die Zeche zahlt der Steuerzahler, weil alles, was über dem Preisdeckel liegt, durch öffentliche Kredite

18

finanziert ist. Diese Erzeugung von künstlichem Mangel sowie die herbeigeführte Inflationstreiberei führt zu weiteren Ängsten, steigendem Hass und zur Spaltung zwischen Arm und Reich.

All das wird nach meiner Beobachtung von den meisten Menschen nicht bemerkt oder kritisch hinterfragt, sondern sogar als Notwendigkeit bzw. Segen oder Fortschritt für die Menschheit betrachtet. Oder sie motzen nur vor sich hin. Andere fühlen sich hingegen hilflos durch diese wachsende Tyrannei und die Absurditäten ausgeliefert.

Dieser schleichende Gewöhnungsprozess in vielen kleinen Schritten an die sogenannte „neue Normalität" ist wie bei einem Frosch, der in einem Behältnis mit kaltem Wasser sitzt, das dann allmählich erhitzt wird, bis es kocht. Der Frosch bleibt sitzen, weil er sich der langsam ansteigenden Umgebungstemperatur anpasst und wird gekocht, was er allerdings zu spät bemerkt und somit sein Leben verliert. Würde man ihn jedoch sofort in kochendes Wasser werfen, wäre der Temperaturunterschied zu krass für ihn und er spränge sofort heraus.

Dieser für die Betroffenen unbemerkte, unbewusste Prozess der Anpassung wird auch als Normopathie bezeichnet. Im Grunde ist dies eine zwanghafte Persönlichkeitsstörung in Form einer Selbstverleugnung, um dazu zu gehören.

Schätzungsweise 25 bis 40 Prozent der Menschen sehen mittlerweile diese gesellschaftliche Entwicklung der unbewussten kollektiven Anpassung ähnlich wie ich, zum Glück mit steigender Tendenz. In meinem persönlichen Umfeld begegnen mir immer mehr feinfühlige, wertschätzende Frauen, Männer und andere, die jetzt erst recht unbeirrt ihren eigenen Weg gehen und sich kraftvoll authentisch zeigen. Wildfremde grüßen mich freundlich beim Spazieren oder Einkaufen, was ich vor Corona sehr selten erlebt habe. Ursache für die einfühlsame Zuwendung ist wohl die Entzugserscheinung und die Sehnsucht nach Nähe aufgrund der verordneten Distanz sowie des Einsperrens, was für uns als soziale Wesen völlig unnatürlich ist und deshalb vermehrt psychische Schäden hinterlässt.

Das alles macht mich sehr hoffnungsfroh für einen Wandel unserer Gesellschaft hin zu einer neuen Ära mit mehr Vielfalt, Toleranz und Liebe. Nach meiner Einschätzung hat die bequeme, jedoch abnehmende Masse, diese Fremdbestimmung und Manipulation allerdings wohl immer noch nicht begriffen oder sie verdrängt dies. Manche glauben sogar, es wäre alles zu ihrem Wohle.

Die Zuspitzung der Anpassung durch internationale Gleichschaltung fand über 3 Jahre lang in Zusammenhang mit einem unsichtbaren Virus unter dem Vorwand des Gesundheitsschutzes weltweit statt. Und die meisten ordnen sich aus den unterschiedlichsten Motiven unter. Die größte Ansteckungsgefahr geht insofern vom Konformismus aus. Diese krankhafte Infektion verläuft außerdem meist noch unbemerkt.

Die von Gehorsam geprägte Unterordnung bzw. unreflektierte Unterwerfung wäre an sich nicht so problematisch, wenn sie nicht zu Ausgrenzung und Spaltung der Menschen führen würde. Doch genau das passiert. Außerdem schließt sie die Pluralität einer Gesellschaft auf Dauer aus, was ein evolutionärer Rückschritt bedeutet. Das Leben reduziert sich bei dieser freiwillig zugelassenen Versklavung überwiegend auf angepasste Reaktionen dessen, was den Menschen von der Führung vorgegeben wird. Das nimmt jegliche Kreativität, weil diese nunmal aus einem eigenständigen, freien, selbstbestimmten Agieren entsteht. Dieser Konformismus gedeiht in der Anonymität des Zentralismus der Kartelle.

Dies erklärt auch, warum auf der 77. Weltgesundheitsversammlung (WHA) in Genf vom 27. Mai bis 1. Juni 2024 aller Voraussicht nach Entscheidungen gefällt werden, die noch weit reichendere Folgen für die Gesundheitspolitik weltweit haben. Besonders, was den Umgang mit künftig zu erwartenden sogenannten Pandemien betrifft. Dass damit, worauf vieles hindeutet, die Kompetenzen der Weltgesundheitsorganisation (WHO) noch erheblicher gestärkt werden als bisher, trifft nun endlich auf kritische Einwände, die zum Teil sehr heftig ausfallen. Das hat nicht zuletzt damit zu tun, dass die Reform aus Erfahrungen der Corona-Krise hervorgeht.

Roger Willemsen, ein deutscher Publizist, hatte den aktuellen Zeitgeist sehr treffend beschrieben:

"Wir waren jene, die wussten, aber nicht verstanden, voller Informationen, aber ohne Erkenntnis, randvoll mit Wissen, aber mager an Erfahrung. So gingen wir, von uns selbst nicht aufgehalten."

Nach meiner Wahrnehmung führt eine Anhäufung von konsumiertem Wissen leider oft dazu, dass das *Gewissen* zugeschüttet wird, weil durch die einseitige Ausrichtung auf den angstgesteuerten, kontrollierenden Verstand, das Bewusstsein mit einem ganzheitlichen Blick getrübt ist. Für das Gewissen braucht es vor allem auch ein Fühlen, welche die innere Instanz stärkt, die offenbar auch häufig blockiert ist.

Wir leben seit der gesellschaftlichen Individualisierung, Infantilisierung und Institutionalisierung zunehmend nebeneinander her. Dies hat sich seit Corona obendrein in ein misstrauisches Gegeneinander verwandelt. Lassen wir das kollektiv weiterhin zu, sind wir aus meiner Sicht als Menschheit zum Scheitern verurteilt. Es stellt sich daher die Frage, wie wir wieder zu einem menschlichen, geist- und würdevollen Miteinander kommen können, denn wir sind als soziale und geistige Wesen letztlich alle eine Menschheitsfamilie, die für eine kollektive sowie individuelle Weiterentwicklung aufeinander angewiesen ist.

Lassen wir uns weiterhin von einem kleinen vermögenden Führungskreis an der Nase herumführen und gegeneinander aufhetzen oder begreifen wir endlich die Notwendigkeit, unser Leben eigenverantwortlich in die Hand zu nehmen und uns durch Selbstermächtigung selbst zu vertrauen?

Bedingungslose Liebe kann jedenfalls in einem solchen engen gesellschaftlichen Korsett von Angst, Kampf, Konkurrenz, Konformitätsdruck, Ausgrenzung und Unfreiheit nicht „atmen". Das bedeutet letztendlich, dass sie hierdurch gleichsam im Ganzen nicht ausreichend wirken kann, sondern nur in einzelnen intensiven Beziehungen. In einem technokratisch-mechanistischen Milieu und dem entsprechenden kollektiven Weltbild kann Liebe nur schwer gedeihen. Sie wächst dort, wo man sich diesem Weltbild entzieht und sich wieder den natürlichen menschlichen Bedürfnissen zuwendet.

Das Fatale daran:

Je weniger Liebe zwischen den Menschen fließt, desto schlimmer wird die menschenverachtende, unwürdige kollektive Entwicklung, die von der Mehrheit in ihrer Panik leider als selbstverständliche Normalität betrachtet bzw. hingenommen wird. Diese Angst wird außerdem durch den Gruppendruck verstärkt.

Wahrhaftige Liebe gedeiht in einer Umgebung von Frieden, Freiheit, Authentizität, Selbstbestimmung, Eigenverantwortung sowie Mitverantwortung im Bewusstsein, Teil des großen Ganzen und eingebunden in natürliche Kreisläufe zu sein. Und je mehr Liebe fließt, desto mehr Frieden, Freiheit, Glück und Freude können wachsen. Dieser hochschwingende Erfahrungsaustausch ist nur in der persönlichen Begegnung auf Augenhöhe möglich. Es ist die Beziehungsebene, die sich am besten in regionalen Strukturen entwickeln kann, die uns unabhängig und autark leben lassen können. Zentralistische, anonyme und bürokratische Strukturen einer kleinen Macht-Kaste führen hingegen unweigerlich zur Abhängigkeit wegen fehlender Transparenz und Einflussmöglichkeiten.

Das begreifen nun endlich immer mehr Menschen. Sie erkennen darüber hinaus, dass das, was viele bisher für Liebe gehalten haben, von Erwartungen, Ansprüchen und romantischer Verklärtheit geprägt ist, wodurch gegenseitige Abhängigkeiten gefördert bzw. manifestiert werden. Dies hat dazu geführt, dass viele Menschen Liebe immer noch mit Schmerz verbinden. Die Zeit ist nun reif, sich von diesen Täuschungen zu befreien. Das ist der eigentliche Sinn einer Ent-Täuschung. Sie bringt uns aus der Ohnmacht in unsere eigene Macht, weil wir uns selbst ermächtigen.

Je mehr wir uns demnach auf die reine Liebe besinnen und sie einander reichlich geben, umso schneller gelangen wir an den Kipp-Punkt, der die Dunkelheit und Kabale vertreibt und uns wieder zu unseren Wurzeln als geistige Wesen zurückführt, angebunden an die universelle Quelle.

Im Gegensatz zu Diktaturen der Geschichte, die religiös oder politisch motiviert waren und von Nationen ausgingen, haben wir nunmehr eine globale totalitäre Strömung durch monopolistische Konzerne, Kartelle sowie Oligopole der Wirtschafts- und Finanzmächte mit ihren Investmentgesellschaften. Möglich wurde dies alles aufgrund der immer stärkeren Anhäufung des Kapitals auf rund ein Prozent der Weltbevölkerung. Ausgelöst hat diese Vermögenskonzentration das bestehende Schuldgeldsystem mit den ungehemmten Spekulationen am Kapital- und Finanzmarkt. Es herrscht zunehmend die Tyrannei einer machtgierigen, selbsternannten Elite, die das Geld missbraucht, um ihre Vasallen damit zu füttern, sodass sie ihr gefügig folgen, wodurch ihr Einflussbereich noch mehr ausgeweitet werden kann. Ihre Interessen peitschen diese Herrscher erbarmungslos mit Hilfe nationaler Regierungen und der informationsfilternden Massen-Medien durch. Dieses Phänomen kann man als kapitalistischen Sozialismus bezeichnen. Die manipulierten Claqueure spenden Beifall und verschärfen somit noch eine Weile den international wachsenden Totalitarismus, welcher wahrhaftige Liebe verhindern will, weil mit ihr schließlich keine Unterdrückung der Menschen mehr möglich ist. Es ist das letzte laute Aufbäumen der dunklen Kräfte gegen die allgegenwärtige Macht der Liebe, was im Grunde nur deutlich macht, dass das Licht bereits gesiegt hat, obwohl es für die meisten noch nicht erkennbar ist, weil es im kollektiven Feld noch nicht vollständig sichtbar ist. Denn der Blick vieler Menschen ist noch immer gelähmt vor Angst auf die vielen, inszenierten Krisenszenarien gerichtet.

Ich empfinde es immer klarer als meine Berufung, unaufhörlich mit Geduld und großer Deutlichkeit darauf hinzuweisen, dass die Liebe der einzige Weg zu unserem Seelenheil sowie zur Heilung der Erde darstellt. An diesem Weg dorthin wirke ich zusammen mit vielen anderen Menschen tatkräftig mit. Je mehr sich für die Liebe entscheiden und danach leben, desto schneller können wir gemeinsam heilen. Dabei dürfen wir nicht vergessen, dass das Chaos, was sich jetzt in dieser Welt zeigt, aus den destruktiven, lieblosen Gedanken und Traumata der vielen Kriege sowie der gesamten Beziehungskonflikte hervorgegangen ist. Deshalb ist die Auflösungsarbeit dieser ganzen Traumata eine elementare Voraussetzung dafür, dass sich die Liebe zukünftig stärker kollektiv manifestieren kann. Sobald wir diesen bisherigen Teufelskreis von Unterdrückung, Feindschaft, Gewalt sowie Vergeltung durchbrochen haben und es uns in Liebe gelingt, einander aus tiefsten Herzen zu segnen, so wie wir von der göttlichen Quelle gesegnet sind, kann sich die Liebe mit ihrer unendlichen Macht und Strahlkraft vollständig entfalten und befreit uns von jeglicher Tyrannei.

Wir sind auf einem guten Weg, auch wenn etliche Menschen noch skeptisch sind. Diese Gewissheit spüre ich sehr deutlich in mir, wodurch meine Zweifel immer kleiner und bedeutungsloser werden.

Eine „falsche" Gesinnung
führt zur Ächtung

In Artikel 1 (1) des Grundgesetzes für die BRD heißt es als ganz zentralen Leitsatz:

Die Würde des Menschen ist unantastbar. <u>Sie zu achten und zu schützen ist Verpflichtung aller staatlichen Gewalt</u>!!

Artikel 5 des Grundgesetzes für die BRD lautet:

(1) **Jeder hat das Recht, seine Meinung in Wort, Schrift und Bild frei zu äußern und zu verbreiten und sich aus allgemein zugänglichen Quellen ungehindert zu unterrichten.** Die Pressefreiheit und die Freiheit der Berichterstattung durch Rundfunk und Film werden gewährleistet. **Eine Zensur findet nicht statt!!**

(2) Diese Rechte finden ihre Schranken in den Vorschriften der allgemeinen Gesetze, den gesetzlichen Bestimmungen zum Schutze der Jugend und in dem Recht der persönlichen Ehre

(3) **Kunst und Wissenschaft, Forschung und Lehre sind frei.** Die Freiheit der Lehre entbindet nicht von der Treue zur Verfassung.

Der kollektive Wahnsinn kennt keine Grenzen mehr. Alles ist auf den Kopf gestellt und verdreht. Dies zeigt sich schon in der Konfusion der Sprache.

Bertolt Brecht hat dazu einmal gesagt: *„Unsichtbar wird der Wahnsinn, wenn er genügend große Ausmaße angenommen hat."*

Und ich füge hinzu: …...... *„weil er durch die Mehrheit getragen bzw. schweigend geduldet wird."*

Wir schreiben das Jahr 2022, in dem der Corona-Hype mit seiner Massenhysterie im April seinen vorläufigen Höhepunkt erreicht hat. Beschneidung der individuellen Freiheit, Gängelungen, aggressive Ausgrenzung, Hass und Verachtung beherrschen die Welt und vor allem unser Deutschland, das sich zumindest auf dem Papier immer noch mit einer intakten Demokratie schmückt. Tatsächlich wurden Grundrechte 3 Jahre lang willkürlich außer Kraft gesetzt, was das Bundesverfassungsgericht obendrein absurderweise nachträglich gebilligt hat. In dieses Bild passt auch die Bestätigung der einrichtungsbezogenen Impfpflicht für das Gesundheitswesen durch das höchste deutsche Gericht, obwohl die allgemeine Impfpflicht im Bundestag zuvor abgelehnt wurde. **Es ist ein eklatanter Verstoß gegen Artikel 2 (2) Grundgesetz: „Jeder hat das Recht auf Leben und körperliche Unversehrtheit."**

Wir haben damit den Gipfel des Versagens unseres Rechtsstaates erreicht. Denn auf der Grundlage eines allgemein anerkannten Rechtssystems dieses geschriebene Recht gleichermaßen in der Praxis zu sprechen und damit zu seiner Geltung zu verhelfen, ist das Fundament einer intakten Demokratie. Die Funktionsweise der Gewaltenteilung ist durch diese Missachtung ebenfalls äußerst fraglich geworden. Das Recht wird mit Füssen getreten. Der zentrale Grundsatz der Verhältnismäßigkeit von Entscheidungen im Rechtswesen einer Demokratie wurde im Zusammenhang mit Corona vollständig ignoriert. Dies alles zeigt, dass eine Verfassung nichts wert ist, wenn sie von den Menschen in der Justiz nicht gelebt und von der Bevölkerung nicht eingefordert wird.

Ein wacher Geist erkennt dies alles.

Eine Ärztin in meinem Bekanntenkreis wurde vor einiger Zeit von einem deutschen Gericht zu 2 Jahren und 9 Monaten Haft ohne Bewährung verurteilt, weil sie wegen medizinischer Indikationen zu Recht mehrere Maskenbefreiungsatteste ausgestellt hatte. Der mutige Familienrichter Dettmer in Weimar sah im Tragen einer Corona-Maske im Schulunterricht eine Kindeswohlgefährdung. Damit war nach seiner Ansicht Gefahr im Verzug. Er verfügte im Frühjahr 2021 auf dem Wege einer einstweiligen Anordnung, dass Kinder an zwei Weimarer Schulen keine Corona-Masken im Unterricht tragen müssen. Daraufhin folgten seine Amtsenthebung und ein Verfahren wegen Rechtsbeugung. Ich dachte bisher, die Judikative wäre ein unabhängiger Pfeiler unseres Rechtssystems, bei dem die nächsthöhere Instanz ein Urteil aufheben kann, ohne Konsequenzen für den davor rechtsprechenden Richter.

Wie konnten diese Fälle überhaupt zur Anklage führen? Hingegen sind alle jugendlichen ausländischen Randalierer, die in der Silvesternacht 2022/23 schwere Gewalt gegenüber Rettungsdiensten sowie Polizei und Feuerwehr ausgeübt hatten, nach Aufnahme der Personalien wieder freigelassen worden. Unter 18-Jährige müssen ohnehin nur mit Geldstrafen rechnen, wenn überhaupt. Ob wenigstens ein Teil strafrechtlich verfolgt wird, ist nach allen bisherigen Erfahrungen äußerst fraglich.

Selbst „der Spiegel" titelt am 18.01.2007, 17.16 Uhr bereits:

"Wir fahren den Strafprozess an die Wand"

„Ob im Fall Mannesmann oder aktuell beim Verfahren gegen Peter Hartz: Acht von zehn Wirtschaftsprozessen werden inzwischen mit Absprachen beendet, die dem Angeklagten einen kurzen Prozess ermöglichen. Der politische Widerstand wächst."

Gilt in unserem Rechtssystem mittlerweile etwa nur noch der ideologische Maßstab der Bundesregierung, welcher durch angepasste Gerichte umgesetzt wird? Wo soll das noch hinführen? Wo bleibt da außerdem die Verhältnismäßigkeit? Leben wir mittlerweile in einem Unrechtsstaat voller Willkür?

Bärbel Bohley, Bürgerrechtlerin der DDR und Malerin, hatte wohl hellseherische Fähigkeiten, denn sie sagte bereits im Frühjahr 1991 voraus:

„Das ständige Lügen wird wiederkommen (Stacheldraht im Gehirn) Alle diese Untersuchungen", „die gründliche Erforschung der Stasi-Strukturen, der Methoden, mit denen sie gearbeitet haben und immer noch arbeiten, all das wird in die falschen Hände geraten. Man wird diese Strukturen genauestens untersuchen – um sie dann zu übernehmen. Man wird sie ein wenig adaptieren, damit sie zu einer freien westlichen Gesellschaft passen. Man wird die Störer auch nicht unbedingt verhaften. Es gibt feinere Möglichkeiten, jemanden unschädlich zu machen. Aber die geheimen Verbote, das Beobachten, der Argwohn, die Angst, das Isolieren und Ausgrenzen, das Brandmarken und Mundtotmachen derer, die sich nicht anpassen – das wird wiederkommen, glaubt mir. Man wird Ein-

richtungen schaffen, die viel effektiver arbeiten, viel feiner als die Stasi. Auch das ständige Lügen wird wiederkommen, die Desinformation, der Nebel, in dem alles seine Kontur verliert. "

Die Masse der Bevölkerung sieht in ihrer Angstfalle die Corona-Gerichtsentscheidungen als selbstverständliche, folgerichtige Bestätigung des Narrativs mit den politischen Maßnahmen oder interessiert sich nicht dafür. Diese Menschen erkennen in ihrer Hypnose oder Unkenntnis nicht, dass damit vor allem der Gleichheitsgrundsatz eklatant verletzt ist. Denn Grundrechte sind unteilbar und gelten uneingeschränkt, ohne Bedingungen, für ALLE. Ich muss daher nicht nachweisen, dass ich gesund bin, um diese Rechte zu erhalten. Insofern verstößt die Haltung des Bundesverfassungsgerichts sogar gegen die Menschenrechtskonvention. Es ist bezeichnend und völlig paradox, dass die Regierung quasi über Nacht vor 4 Jahren den Status „Gesundheit" abgeschafft hat. Dies spiegelt sich sehr deutlich in den G-Regelungen wider. Gesundheit ist klammheimlich durch „Geimpft, Getestet und Genesen" ersetzt worden. Das ist die „schöne neue Welt" nach Aldous Huxley (Roman von 1932), die mit eiserner Hand von oben durchregierend in die Köpfe der Menschen eingehämmert wurde und die noch heute bei einigen nachwirkt, obwohl im Jahr 2023 Corona politisch ganz plötzlich für beendet erklärt wurde.

Für mich ist es wahrlich kein Trost, dass es in anderen Nationen noch verrückter, restriktiver und totalitärer zuging. Denn es gibt schließlich auch etliche Länder, wie Schweden, Kroatien oder innerhalb Afrikas, in denen es seit Anbeginn des Corona-Phänomens ganz entspannt ablief, weil man - wie bei uns früher auch üblich - auf das natürliche, menschliche Immunsystem sowie die Eigenverantwortung der Bürgerinnen und Bürger vertraute. Öffentlich-rechtliche und private Massen-Medien verurteilten dies entsprechend als verantwortungslos und unsolidarisch, obwohl nachweislich Lockdowns und andere restriktive Maßnahmen völlig wirkungslos waren.

Erinnerungen an dunkle Zeiten unserer deutschen Vergangenheit werden wach. Zumindest für diejenigen, die noch wach sind oder wieder erwachen.

Am unverdächtigsten sind diesbezüglich jüdische Menschen, die eine deutliche Parallele zwischen den aktuell wachsenden totalitären Strukturen und den Anfängen des dritten Reichs sehen. Dies geht aus den Interviews hervor, die Radio München Anfang 2022 unter dem Titel geführt hat: „Wehret den Anfängen - was Juden heute denken." Die Befragten ziehen einhellig den legitimen Vergleich zwischen damals und heute.

Auffallend ist dieser ausgeprägte Perfektionismus, die berüchtigte deutsche Gründlichkeit, mit der die Staatsgewalt oft im Verborgenen aggressiv und rücksichtslos durchgreift, wie dies im dritten Reich und in der DDR üblich war.

Ist es schon wieder soweit?

Wiederholt sich die Geschichte?

Oder sind wir doch noch zu retten, weil in dieser schweren Krise Menschen mehrheitlich endlich die Chance für einen Wandel sehen und ergreifen?

Zu allen Zeiten hat es Mahner gegeben. So sagte beispielsweise **Erich Kästner** in seiner Rede:

„Die Ereignisse von 1933 bis 1945 hätten spätestens 1928 bekämpft werden müssen. Später war es zu spät. Man darf nicht warten, bis der Freiheitskampf Lan-

31

desverrat genannt wird. Man darf nicht warten, bis aus dem Schneeball eine Lawine geworden ist."

Heute lauert die Gefahr weniger von einem nationalen Faschismus, sondern von einem internationalen, der sich jeweils national auswirkt.

Nach Wikipedia bedeutet **Gesinnung** *„die durch Werte und Moral begrenzte Grundhaltung bzw. Denkweise eines Menschen, die den Handlungen, Zielsetzungen, Aussagen und Urteilen des Menschen als zugrunde liegend betrachtet werden kann. Ob die Gesinnung oder die Tat selbst die Sittlichkeit einer Handlung ausmacht, ist ein Problem der Ethik."*

Was im ersten Augenschein recht harmlos klingt, kann in der Realität eine heftige, verheerende Wirkung hinterlassen. Insbesondere dann, wenn die Denk- und Handlungsweise des Menschen nicht durch Selbstreflexion sowie regelmäßiges kritisches Hinterfragen von vermeintlich als Fakten deklarierten Behauptungen geprägt ist und der Gruppendruck dazu führt, dass sich dies zu einer gesellschaftlichen Massenbewegung des Gehorsams entwickelt.

In der genannten Definition des Begriffes „Gesinnung" ist von Moral, Werten und Begrenzung die Rede. Die Enge der Eingrenzung besteht heutzutage durch religiöse Weltanschauungen, ökologische und sonstige Ideologien, Dogmen, Glaubensmuster, Vorurteile, Schubladendenken sowie theoretische Hirn-Konstrukte oder Konzepte. Dem liegt ein absolutes, ja sogar absolutistisches Schwarz-Weiß-Denken und Handeln zugrunde. Für einen Freigeist sind dies alles enge gedankliche Gefängnisse. Weniger bewusste Menschen lassen sich hingegen sehr leicht davon einnehmen bzw. manipulieren und plappern gerne nach, was der Mainstream ihnen vorgibt. Das kann man in persönlichen Gesprächen sehr schnell erkennen, wenn Standardphrasen einfach zusammenhanglos abgespult werden.

Die Medien machen sich bei dieser Massenhypnose einer Erkenntnis aus der Hirnforschung zunutze, nämlich dass das Gehirn nach ständiger Wiederholung einer Lüge, diese irgendwann als Wahrheit im Gedächtnis ablegt. Gewürzt wird das Ganze dann noch durch die gezielte Entwicklung eines Feindbildes, garniert mit Denkverboten. Manchmal wird dies über mehrere Jahre unmerklich vorbereitet, wie an dem aktuellen Ukraine-Konflikt mit dem nachfolgenden Krieg feststellbar ist. Feindbilder als Projektionsfläche sind dabei beliebig auswechselbar. Sie müssen nur in die Konformität passen. So konzentrieren die Massenmedien den Fokus erst auf Impffreie bzw. auf Kritiker der Maßnahmen und nun auf die vermeintlich „bösen" Russen sowie die „naive" Friedensbewegung, gerne auch als fünfte Kolonne Putins bezeichnet. Die westlichen Kriegstreiber werden hingegen verherrlicht. Prominente Vertreter tingeln von einer Talkshow zur nächsten, um ihre Kriegsideologie lauthals zu verkünden. Dies alles unter dem Applaus der konformistisch auserwählten geladenen Gäste durch die Einheitssender.

Menschen, die das jeweilige erzählte Narrativ in Frage stellen, werden schonungslos diffamiert, beruflich vernichtet und beleidigt. Dies entspricht der Strategie: "Bestrafe Einen, erziehe Hunderte" Die Masse übernimmt entsprechend umso mehr ungeprüft diese Feindbilder als eigene Meinung, die sich durch die einseitige Berichterstattung manifestieren. Mit dieser Sündenbock-Mentalität bleibt man im breiten Strom der Gesinnungsgenossen. Man fühlt sich in dieser Komfortzone unangreifbar, wohl und aufgehoben. Denn ansonsten wäre man schließlich Außenseiter in der Gesellschaft, was sich nur wahrhaftige, starke Persönlichkeiten mit einer eigenen Geisteshaltung und inneren Festigung leisten können. Ich glaube, bei den meisten ist dieses angepasste, antrainierte Verhalten nicht böswillig, sondern einfach nur bequem oder dient als Selbstschutz und wird so zur eigenen bzw. allgemeinen Normalität. Man freut sich vielleicht und hofft, auf diese Weise in Ruhe gelassen zu werden, ahnt aber nicht, dass der Abgrund dadurch immer näher rückt.

Selbstreflexion, Bewusstes Hinterfragen und Recherchieren können diese Manipulationen verhindern sowie zur Stärkung einer eigenständigen Persönlichkeit beitragen. Das Überschreiten der vom Mainstream gesetzten Grenzen und Denkverbote ist aber sehr unbequem und kann außerdem zu empfindlichen Sanktionen, wie beispielsweise Hausdurchsuchungen, Berufsverboten oder Entlassungen führen, denen nicht jeder Mensch gewachsen ist. Begründet wird dies mit fadenscheinigen Vorwürfen und irrwitzigen Behauptungen.

In ihren Werten sind manipulierte Menschen zum Teil sehr flexibel und anpassungsfähig, meist ohne es selbst zu bemerken. So verwundert es nicht, dass in der Vergangenheit aus einem „guten Nazi" plötzlich ein „guter Sozialist" im Sinne des ostdeutschen Kommunismus wurde. Dies zeigt, dass sich die Werte und damit die Gesinnung sehr leicht verschieben lassen. Hauptsache sie passen zu den Vorgaben des jeweiligen Systems. Opportunisten haben damit kein Problem, wenn es ihnen und ihrer Karriere sowie dem eigenen Machtanspruch dient.

Sicherlich spielt ebenfalls die Sorge, durch „Fehlverhalten" nicht mehr zur Mehrheit zu gehören, eine bestimmende Rolle. Ebenso die Befürchtung vor Ausgrenzung und dem Erleiden wirtschaftlicher Nachteile erhöhen bei diesen Menschen den Anpassungsdruck, was sie mitunter sehr biegsam werden lässt. Allerdings kann dies auch starke Rückenschmerzen auslösen. Andere passen hingegen ihre Gesinnung aus reiner Bequemlichkeit an.

Es herrscht darüber hinaus allerdings ebenfalls eine gehörige Portion Naivität in unserer Gesellschaft. Die geistige Niveaulosigkeit resultiert nach meiner Beobachtung vor allem durch das Leben in und mit der digitalen Technik sowie der künstlichen Intelligenz, welche vielen Menschen das Denken abgewöhnt. Dieser Prozess beginnt im frühen Kindesalter und wird spätestens in der Schule perfektioniert und über ein mögliches Studium vollendet.

Egal, was dahinter steckt, diese Unbewussten und Technik-Hörigen sind letztlich keine selbstbestimmten Menschen mehr, sondern agieren wie ferngesteuerte Roboter in einem unbarmherzigen, diktatorischen System des herrschenden Kapitals. Die einen spüren dies nicht. Die anderen nehmen es billigend in Kauf, sind sich jedoch meist nicht über ihre Abhängigkeit und Versklavung im Klaren oder es ist ihnen egal.

Sobald die Werte geprägt sind von totalitärem Denken und Handeln, wird es äußerst gefährlich für Frieden und Freiheit. Denn aus dieser Haltung heraus wird Panik geschürt, welche Unterdrückung, Hass und Zwietracht wachsen lässt, die wiederum zu Aggressionen, Gewalt und Kriegen führen. Es ist die extremste Form der Unterscheidung zwischen Richtig und Falsch, wobei es keine individuelle Entscheidung mehr darüber gibt, sondern vom System vorgegeben wird, was richtig ist. Diejenigen die sich diesem „Richtig" nicht unterordnen, werden dann ausgegrenzt und geächtet. All das ist für eine intakte Demokratie undenkbar!

35

Am Unerträglichsten ist das Schweigen der sogenannten Intellektuellen und einseitigen Menschenrechtsaktivisten bzw. deren „Heulen mit den Wölfen." Hier zeigt sich sehr deutlich, dass Bildung kein Garant für einen wachen Geist darstellt. Denn Bildung erfolgt bereits seit Jahrzehnten in Schulen auf niedrigem Niveau und während des Studiums nur noch in schmalen Spuren der Wissensvermittlung sowie Spezialisierung mit Anpassungsdruck, wodurch die sogenannte „Fachidiotie" herangezüchtet wird.

Es offenbart darüber hinaus deren „blinde Flecken", ihre menschlichen Schwächen und entlarvt sie als sogenannte „Pseudos." So bezeichne ich seit 4 Jahren jene, die etwas vorgeben, was sie tatsächlich nicht leben können oder wollen. „Scheinheiligkeit", Unbewusstheit oder Feigheit würde das Phänomen auch treffend beschreiben.

Erschreckend ist ebenfalls die aus unserer dunklen Vergangenheit erlebte wiedergekehrte Glorifizierung medizinischer Laborwissenschaftler, ohne jegliche praktische Erfahrungen mit Patienten. Heute, wie damals, sind sie an der Unterteilung der Bevölkerung in entmenschlichte Kategorien, wie wertvolles Leben (weil „solidarisch geimpft") und wertloses Leben (weil „unsolidarisch impffrei") maßgeblich beteiligt. Es liegt an uns allen, ob wir diese und kommende Spaltungen gesellschaftlich weiterhin zulassen oder diesen menschenverachtenden Quacksalbern sowie anderen totalitär agierenden Ideologen einfach keine Aufmerksamkeit mehr schenken.

Wer ist schlimmer und gefährlicher, die Überzeugungstäter oder die Mitläufer und Denunzianten?
Beide Gruppierungen sowie die schweigende Mehrheit bedingen und ergänzen einander. Weder das dritte Reich, noch die DDR hätten als Diktatur so lange existieren können, ohne die zig Millionen Mitläufer und Denunzianten.

Dabei ist es egal, ob jemand aus Bequemlichkeit gehorsam mitläuft, um seine Ruhe zu haben und der bisherigen Gewohnheit zu frönen oder weil er sich persönliche Vorteile davon erhofft bzw. sich aus beiden Motiven heraus erpressen lässt. Wer korrumpierbar ist, fördert letztlich das Narrativ und stärkt damit totalitäre Tendenzen.

„Aus historischer Sicht sind die schrecklichsten Dinge – Krieg, Völkermord und Sklaverei - nicht auf Ungehorsam, sondern auf Gehorsam zurückzuführen."

(Howard Zinn)

Wir sind mittlerweile weltweit an einem Punkt angelangt, bei dem eine totalitär denkende und handelnde, vermögende Elite die Fäden monopolistisch in der Hand hält. Durch Hetz-Propaganda mithilfe der gekaperten Medien und Politikdarsteller vollzieht sie eine gleichgeschaltete Gehirnwäsche im Sinne einer Massenhypnose und -psychose. Deshalb müssen die Lügen gar nicht mehr großartig verschleiert werden. Selbst die absurdesten und unlogischsten Äußerungen werden als richtig hingenommen. Es herrscht eine perfide ausgereifte, globale, in diesem großen Ausmaß nie dagewesene psychologische Kriegsführung, bei der die Impfung zur bedrohlichen, nicht erprobten Waffe geworden ist. Die Injektion als vom Staat proklamiertes alleiniges Heilmittel wird damit zum neuen Kult hochstilisiert. Sie ist zur neuen heiligen Religion geworden, deren Glaubensjünger dafür sorgen, dass diejenigen, die diesem sektiererischen Glauben nicht folgen, einer heiligen Inquisition ausgesetzt sind, in ähnlicher Weise, wie bei der Verfolgung im damaligen Mittelalter, die durch sogenannte Hexenverbrennungen ihren Höhepunkt fand.

Alles, was bisher als „normal", richtig, gut und dem Menschen dienlich empfunden wurde, wird jetzt auf dem Altar der neuen Ideologien geopfert und verteufelt. Es ist tatsächlich eine pathologische, satanische Tendenz in den Führungsebenen zu spüren. Besonders deutlich wurde das für mich, als ich auf einem Plakat der evangelischen Kirche einen Slogan las, der die elementare Aussage von Jesus: *„Liebe deinen Nächsten, wie dich selbst"* umwandelte in *„Impfe deinen Nächsten, wie dich selbst"*. Abgesehen davon, dass dies Blasphemie bedeutet, wird hierdurch der Schuss mit der Nadel zum heiligen Sakrament erklärt, welcher obendrein die Liebe ersetzt. Würde Jesus heute leben, wäre er ganz sicher aus der Kirche ausgetreten, denn diese Institution hat offenbar „Liebe" nicht verstanden, sonst würde sie nicht so extrem ausgrenzen. Selbst nach Corona lässt Kirche sich weiterhin von extremistischen Kräften instrumentalisieren. Das ist für mich erschreckend, wenn man den kirchlichen Auftrag von „Nächstenliebe" und „Seelsorge" bedenkt. Nächstenliebe ist unteilbar und fragt nicht nach bestimmten Voraussetzungen. Viele Millionen Menschen, die aus der Kirche ausgetreten sind, fragen sich, ob die Staatskirchen und viele ihrer Vertreter aktiv an den Machenschaften beteiligt sind oder nur vom Konformismus und der Impfideologie infiziert sind. Diese Frage ist für mich letztlich nicht relevant, denn schließlich sind Mitläufer genauso gefährlich für ein wertschätzendes, friedvolles und freiheitliches Miteinander, wie Überzeugungstäter. Selbst wenn es aus naiver Gutgläubigkeit geschieht, so zeigt es mir, dass diese Menschen keinen echten Zugang zu ihrer inneren Stimme bzw. zu ihrem Herzgefühl haben und sich deshalb beeinflussen lassen. Manchen fehlt wohl auch die geistige Anbindung. Wären sie im Urvertrauen der Liebe, könnten sie nach meinem Empfinden für die Dogmen nicht so anfällig sein. Ein Glaube ohne Liebe lässt bekanntlich Fanatismus entstehen.

Naive, Mitläufer und Überzeugungstäter sind jedenfalls am würdelosen Verbrechen an der Menschheit beteiligt, selbst wenn sie dies im Grunde gar nicht wollen. Entscheidend ist vielmehr, welchen Schaden die sogenannten Vertreter Christi zusätzlich anrichten. Wenn Menschen durch 2 G-Regelungen an der Gemeinschaft des Gottesdienstes in der Kirche gehindert werden, dann ist das Ausgrenzung pur, ganz abgesehen davon, dass Kirche dadurch ihren seelsorgerischen Auftrag eklatant verletzt. Die geheuchelte Solidarität ist aus meiner Sicht scheinheilig und beschämend. Sie beruht auf krasser Feigheit und Ignoranz. Jesus hat sich mit seinem Wirken gerade den Ausgegrenzten und Verachteten gewidmet, wofür er – ausgerechnet schon damals auf Betreiben der Priester - gekreuzigt wurde. Damit wird glasklar, dass die Staatskirchen Jesu Botschaft mit Füßen treten und ihn im übertragenen Sinne somit erneut kreuzigen. Freikirchen waren nach meiner Beobachtung nicht so restriktiv. Außerdem ist fairerweise zu unterscheiden zwischen der Institution Kirche und den jeweiligen Vertretern. Es gibt nämlich auch etliche Pfarrer und Kirchenmitarbeiter, die noch im christlichen Sinne in Liebe agieren und dafür leider von Vorgesetzten und Kollegen angefeindet werden.

Durch diese ganzen inszenierten Kampagnen hatte sich die Gesinnung bis 2022 überwiegend reduziert auf den Impfstatus und danach auf ausgeprägte Kriegslüsternheit im Falle des Ukraine-Konflikts, die ebenfalls einer trendigen Vergötterung gleichkommt. Sogar der im bisherigen Brennpunkt stehende Kult des Klimawandels wurde in dieser Phase ganz plötzlich zweitrangig. Umweltverschmutzungen durch zig Milliarden von Impfkanülen,

Tests, Masken und sonstigen Rückständen interessieren noch nicht mal die Friday-for-future-Bewegung. Es ist ihrem engen Tunnelblick zu verdanken.

Der Bundesrechnungshof kritisiert in seinem Bericht vom 28.3.2024 eine massive Überbeschaffung von Masken und hohe Folgekosten. 5,9 Milliarden Euro mussten die steuerpflichtigen Bürger zahlen. Von den beschafften 5,7 Milliarden Schutzmasken wurden nur 2 Milliarden Stück verteilt, der Rest wurde unbenutzt vernichtet. Für die Entsorgung insgesamt zahlen die Bürger nochmal 534 Millionen Euro. Dies ist alles möglich, weil die hypnotisierten Menschen tatsächlich daran glauben, es diene ausschließlich ihrer Gesundheit und der Solidarität.

Gleichzeitig hat dieses neue Phänomen alle bisherigen Zuschreibungen wie politisch „rechts" oder „links" völlig durcheinander gewirbelt und damit ad absurdum geführt. Denn eine bisher ultralinke, hochintelligente und fachlich kompetente Sahra Wagenknecht wäre nach dem Narrativ des Mainstreams als Ungeimpfte, die obendrein noch für Frieden durch Diplomatie und Verhandlungen eintritt, nunmehr rechtsradikal und eine Schwurblerin oder Verschwörungstheoretikerin. Das wirkt nun alles entlarvend für das System und seine Propaganda. Und es macht deutlich, dass wir mit den Zuschreibungen von rechts- oder linksradikal keine Lösungen für unsere gesellschaftlichen Probleme finden können.

Aus Sicht der Ampel-Koalition, also der rot-grün-gelben Bundesregierung wird Frau Wagenknecht sicherlich als Schwurblerin gesehen, wenn sie zu Recht sagt, dass dies die dümmste Regierung seit Bestehen der BRD ist. Und jetzt ist sie auch noch für Frieden und Verhandlungen. Wie verwerflich für die Ideologen und Demagogen.

Wer hätte gedacht, dass es nach Merkel noch eine Steigerung an Inkompetenz geben könnte? Während seit Jahrzehnten von Politikern ständig Bildung propagiert wird, spielt dies für die neue Regierung offensichtlich keine Rolle, denn etliche Minister allen Geschlechts haben keine abgeschlossene Ausbildung. So zeigt sich ganz eklatant der beklagte Fachkräftemangel in der obersten politischen Spitze. Eine glaubwürdige, starke Regierung hätte nicht nötig, bezahlte Demonstrationen zur Darstellung ihrer Politik zu organisieren.

Die Friedensbewegung der 1980-er Jahre, an der ich mich auch aktiv beteiligte, wurde anfangs noch belächelt. Doch daraus entstand mit den Grünen sogar eine Friedenspartei, die allerdings durch Joschka Fischer als Außenminister bereits teilweise zur Kriegspartei mutierte. Dies haben die grünen Vertreter nunmehr vollendet, indem sie nicht nur gegen Russland, sondern sogar gegen das eigene Volk Krieg führen. Die anderen Mainstream-Parteien stimmen in den Chor mit ein. Wer die Versöhnungs-, Friedens- und Abrüstungsverhandlungen zu Zeiten von Brandt, Kohl, Bahr, Genscher und Gorbatschow noch erlebt hat, traut heute seinen Augen nicht, dass wir seit etlichen Jahren wieder eine Aufrüstung haben, wie niemals zuvor.

Wenn es nicht so traurig und beschämend wäre, könnte man nur noch lauthals lachen, dass seit Verkündigung des neuen Impfdogmas und der gerechtfertigten Kriegstreiberei jeder, der es nur wagt, leise Kritik daran zu üben oder die niveaulosen Behauptungen der Impf- und Kriegsjünger hinterfragt, mit dem Stempel „Rechtsradikal" versehen wird. Dies bedeutet letztlich eine Verhöhnung der Opfer des dritten Reichs und eine Verharmlosung von Greueltaten der Nazis, unter denen meine Eltern noch extrem leiden mussten und dadurch ein Leben lang traumatisiert waren.

Andererseits wird der ukrainische Präsident Selenskyj, welcher sein Bündnis mit Rechtsextremen vor dem Krieg vertieft hat, von den Massenmedien nun als Held gefeiert. Bundeskanzler Scholz duzt ihn sogar öffentlich. Was ist das für eine Kumpanei? Die Ukraine wird beherrscht von Korruption durch Oligarchen, wie in Russland und weltweit. Da wäre ein waches, kritisches Agieren angebracht.

Es ist kein Einzelfall, sondern mittlerweile offenbar Normalität, dass eine deutsche Regierung Waffen an eine rechtsradikale, korrupte Regierung liefert. Im Gaza-Krieg verhält sie sich genauso. Der deutschen Öffentlichkeit wird hingegen zur Ablenkung und Verschleierung eine aus Steuermitteln finanzierte Demonstration gegen Rechts präsentiert.

Wir leben in einer völlig verdrehten Wirklichkeit. Alles steht auf dem Kopf. Statt endlich selbstkritisch die eigene einseitige Berichterstattung zu hinterfragen und objektiver sowie umfassender zu informieren, bezichtigt der Mainstream die wachsenden alternativen Medien lieber der rechtsextremen Verschwörungstheorien.

Wie hilflos und ängstlich müssen die Hofberichterstatter sein, wenn sie der wachsenden Konkurrenz mit solchen abgenutzten, billigen Methoden begegnen und ihnen damit letztlich erst recht eine große Bedeutung geben?

In welcher Welt leben wir eigentlich, dass die wahren Staatsfeinde in diesem Land friedliebende Menschen, welche sich für die Wahrung und Stärkung der demokratischen Grundordnung engagieren, ungestraft als Staatsfeinde beschimpfen und verfolgen, ja sogar rechtswidrig verhaften dürfen? Der italienische Schriftsteller Ignazio Silone soll dem Schweizer Journalisten François Bondy prophezeit haben: "Wenn der Faschismus wiederkommt, wird er als Antifaschismus daherkommen".

Corona, das wie ein Brennglas wirkt, entlarvt nun seit vier Jahren in aller Deutlichkeit dieses ganze Framing mit den konstruierten Erzählmustern. Komplexe Informationen werden systematisch selektiert und Menschen ausgrenzend in Schubladen gesteckt. Die ganzen Widersprüche und Lügen werden immer sichtbarer. Das zunehmende Erwachen der Menschen sorgt dafür, dass sie sich immer weniger täuschen lassen und Zivilcourage entwickeln. Alles sortiert sich jetzt neu. Es wird erkennbar, dass wir mit dem bisherigen engen Scheuklappendenken und -handeln sowie den seit Generationen weitergetragenen Vorurteilen, Verurteilungen und Schuldzuweisungen nicht mehr weiterkommen. Diese Sackgasse zeigt sich uns ganz klar, auch wenn einige noch wegschauen und verdrängen.

Bertold Brecht schrieb 1939 im dänischen Exil:

„Wer die Wahrheit nicht weiß, der ist bloß ein Dummkopf. Aber wer sie weiß und sie eine Lüge nennt, der ist ein Verbrecher."

Es soll doch tatsächlich immer noch Menschen geben, die diese ganzen offensichtlichen Tatsachen, welche als Lüge diffamiert werden, für eine Verschwörungstheorie halten. Leider sind diese, bereits im Jahr 2020 und nachfolgend prognostizierten, für jeden nachlesbaren Ereignisse und Folgen bisher alle als reale Fakten eingetroffen. Dies bemerken zum Glück immer mehr Menschen und beginnen Fragen zu stellen. Sie begreifen allmählich, dass es zu keinem Zeitpunkt um ihre Gesundheit ging und beschäftigen sich deshalb zunehmend mit den Hintergründen. Dadurch werden die infamen Lügen zug um zug entlarvt und die Wahrheit kommt strahlend hell und klar ans Licht.

Es ist wie ein Wunder. Ärzte, Anwälte, Wissenschaftler, Journalisten, einzelne Politiker und andere kommen seit etwa ein bis zwei Jahren immer mehr aus ihrer Deckung, zeigen sich öffentlich und kritisieren den gesellschaftspolitischen Zustand. Immer mehr Videos beschäftigen sich mit den aktuellen Thematiken. Sie schießen wie Pilze aus dem Boden, sodass Youtube und Facebook mit dem Löschen nicht mehr hinterherkommen. Das ist gut so! Es ist wie eine (La-Ola-)Welle. Je mehr aufstehen, desto mehr trauen sich danach auch.

Durch diese ganzen Maßnahmen und Verleumdungen sind wir nunmehr nämlich gesellschaftlich an einem pathologischen Höhepunkt der Spaltung von Menschen angelangt, welche millionenfache Traumata hinterlässt und sich überdies erkennbar wie ein roter Faden durch die Menschheitsgeschichte zieht. Die Polarisierung durch paranoide Ideologien wird nun weiter geschürt, durch die erneut aufgeheizte Klima- und Energiedebatte, die Kriegstreiberei, die Genderdiskussionen sowie die wundersame Geschlechtervermehrung. Für all diese Dogmen werden Milliarden Euro an Steuergeldern verschwendet. Faktenchecker werden bezahlt, um eigene Fakes als Fakten zu verkaufen. Dahinter steckt selbstverständlich auch, neue Märkte mit riesigen Profiten zu erschließen und Machtverschiebungen vorzunehmen. Immer mehr ideologisch gefärbte Themenbereiche greifen rechthaberisch und ausgrenzend um sich, wie ein Lauffeuer. Wer nicht für den vorgegebenen Kurs einsteht, wird rücksichtslos zum Feind erklärt und verfolgt. Tatsächlich ist dies nicht der Mainstream, sondern nur der woke Sidestream, der sich selbst zur Mehrheit erklärt. Das ist das Erschreckende. Wie schön waren doch die Zeiten, die sich in den ersten Jahrzehnten seit Gründung der BRD noch in Richtung „Leben und Leben lassen" im Sinne einer freiheitlich-toleranten demokratischen Gesellschaft entwickelten.

Zu allen Zeiten waren für gesellschaftliche Unruhen bestimmte, trennende, von der Obrigkeit vorgegebene Gesinnungen maßgebend. Dabei war es letztlich egal, ob dies aus rassistischen, religiösen, ideologisch-politischen oder sonstigen ausgrenzenden Motiven geschah. Auf diese Weise hat eine gleichgesinnte, manipulierte Masse Minderheiten verstoßen oder sogar ermordet.

Wir haben nun Alarmstufe Rot!

Jetzt ist die Zeit reif für einen nachhaltigen Wandel sowie eine neue Ära.

Jetzt ist fühlendes, ganzheitliches Handeln in Liebe angesagt.

Allerdings ist, wie nach dem zweiten Weltkrieg oder der Wiedervereinigung Deutschlands, festzustellen, dass die Verantwortlichen freiwillig keine Verantwortung übernehmen, noch einsichtig sind. Geächtete und zu Unrecht verurteilte Menschen werden nicht rehabilitiert. Impfopfer lässt man im Regen stehen, weil die Pharmakonzerne regierungsseitig leichtfertig von jeglicher Haftung befreit wurden. Stattdessen erfolgen von den Verantwortlichen Rechtfertigungen, Relativierungen, dumme Ausreden, heuchlerische Entschuldigungen als Lippenbekenntnisse oder immer noch Ignoranz. Es fehlt damals wie heute an einer ernsthaften, detaillierten Aufarbeitung. Man beschränkt sich lieber auf kollektive oder individuelle Schuldzuweisungen zur Beruhigung des eigenen Gewissens und des Volkes. Ansonsten geht man einfach wieder zur Tagesordnung über, so als sei nichts geschehen. Hätten wir eine intakte Judikative, müssten die Staatsanwaltschaften schon längst Strafermittlungsverfahren eingeleitet haben, sodass die sogenannten, vermeintlichen Experten und alle in Führungspositionen Verantwortlichen sowie Pharmakonzerne zur privaten Haftung herangezogen würden. Dies um so mehr, weil die sogenannte Impfung keine ist, sondern eine mRNA-Gentherapie. In dem Urteil des Obersten Gerichtshofes der USA wurde das bestätigt. Solche Versuche am Menschen sind ohne ihr Wissen und ohne freiwillige Zustimmung nach dem Nürnberger Kodex verboten und deshalb strafbar!

Doch über allem liegt der Nebel der Untätigkeit und des Schweigens. Das sind die typischen Verdrängungs- und Vermeidungsmechanismen bei den meisten Menschen, die leider zur ständigen Wiederholung der Geschichte führen. Jetzt wird dieses Verhalten den Menschen allerdings um die Ohren fliegen und sie gesellschaftlich immer mehr isolieren, weil wir energetisch in eine neue Ära von Wahrhaftigkeit, Klarheit und selbstermächtigender Authentizität eingetreten sind.

Ich empfinde in diesen aktuellen, fortschreitenden Gesellschafts-Krisen gleichermaßen eine Zuspitzung an Intoleranz und Ignoranz, die es bisher zwar schon gab, aber vielleicht nicht so deutlich und ausgeprägt. Es ist aus meiner Sicht noch schwieriger geworden, einander zuzuhören und andere Auffassungen als gleichwertig nebeneinander stehen zu lassen. Dies liegt möglicherweise auch daran, dass sich Diskussionen in den vergangenen drei Jahren nur auf Corona, Pro und Contra Impfen, Impfpflicht oder Wahlfreiheit reduzierten bzw. fokussierten. Dies ermüdet die Menschen. Das analoge Verhalten zeigt sich seit über zwei Jahren leider in gleicher Weise parallel während des Ukraine-Krieges, bei dem beispielsweise russische Menschen pauschal verunglimpft und gedemütigt werden, obwohl sie mit dieser Herkunft auch in der Ukraine leben. Das Gleiche geschieht gegenüber Menschen, die für wahren Frieden eintreten oder CO2 als normalen Bestandteil der Luft betrachten. Es ist alles nur noch absurd.

Ich habe den Eindruck, als gäbe es zu zentralen gesellschaftlichen Themen und Problemen seit langem mehrheitlich nur noch kriegerische Fronten, bei denen ein Diskurs bzw. eine Annäherung nicht mehr möglich ist. Auf beiden Seiten ist eine Fassungslosigkeit über die jeweilige Haltung des anderen zu spüren. Es ist, als ob man die Sprache und die Aussagen des anderen nicht mehr versteht oder verstehen will. Vorherrschend im Austausch - wenn es überhaupt dazu kommt - sind Plattitüden, Vorwürfe, Unterstellungen, Angriffe und Verurteilungen. Dies ist das Ergebnis von ausufernder Rechthaberei sowohl bei den Kritikern, als auch bei den Befürwortern der Maßnahmen bzw. des Krieges oder anderer Themen. Die Nerven liegen blank. In vielen Beziehungen knallt es. Die Eskalationen nehmen zu.

Dieses Unverständnis füreinander ist auch darin begründet, dass die eine Gruppe von Menschen im wahrsten Sinne des Wortes eine Selbstsicherheit besitzt, also die Sicherheit in sich selbst trägt. Sie ist gestärkt im Selbstvertrauen und lässt sich daher von ihrem inneren Kompass durch die geistige Anbindung leiten. Währenddessen sucht die andere, weitaus größere, dominierende Gruppierung Sicherheit und Schutz im Außen, vertreten durch staatliche bzw. kirchliche Institutionen sowie die Regierung. Dies ist der Grund, warum „Mutti" Merkel so lange an der Macht bleiben konnte und das betreute Denken förderte. Kinder in erwachsenen Körpern sahen in ihr den mütterlichen Schutz, den sie vielleicht zuhause vermisst haben. Diese Menschen sind zumeist emotional von sich

47

selbst abgeschnitten, wodurch ihnen der innere Halt fehlt. Damit haben sie auch keine klare äußere Haltung. Sie fühlen sich ohnmächtig und vertrauen daher der Obrigkeit mehr, als sich selbst. Deshalb vertreten sie deren Meinungen und Behauptungen. Dies macht sie viel leichter verführbar für diese neue Form von Extremismus und Heilsversprechen.

Dieser Extremismus besteht aus einer Vermischung von Ideologie und Dogma mit Klischees, sinnentleerten Signal- und Schlagwörtern. Er gewinnt seine Kraft daraus, dass sich die Masse dem ausliefert bzw. unterordnet. Diese folgsame, manipulierte Mehrheit ermöglicht im Ergebnis den systemisch verordneten Ausschluß aller Auffassungen und Fakten, welche sich nicht dieser Ideologie unterwerfen. Dieses Phänomen ist beispielsweise auch beim Gendern sehr gut zu beobachten, was jedoch von 80 Prozent der Bevölkerung abgelehnt, aber nicht mutig genug geäußert wird, aus Angst vor Repressalien. Die politischen Vertreter, denen es vollständig an Selbstkritik und Selbstreflexion fehlt, interessiert dies allerdings in keinster Weise und deshalb bleibt es mit Hilfe der Medien im Energiefeld, weil nicht konsequent gehandelt wird.

Eine weitere Ursache für diese Entwicklung ist eine radikale, ideologisch gefärbte Sicht von Richtig oder Falsch, was jeglichen sachlichen Diskurs verhindert, der so lebensnotwendig für eine funktionierende Demokratie ist, um das kollektive Bewusstsein weiterzuentwickeln. Seit vielen Jahren entwickelte sich aus einer „political correctness," welche vorgab, Diskriminierungen zu verhindern, aber schon unbemerkt Ausgrenzung entstehen ließ, eine gesteuerte Meinungsdiktatur, die immer schärfer diskriminiert. Welch eine Doppelmoral und Heuchelei. Der Mainstream, vertreten von einer kleinen Führungsriege, vor allem auch in den Medien, unterdrückt damit Meinungsvielfalt, wodurch letztlich eine pluralistische Gesellschaft zerstört wird.

Das Schizophrene an diesen der Gesellschaft aufgedrückten Dogmen ist, dass es beispielsweise einerseits eine hohe Toleranz für die Auswahl und den Wechsel zwischen 60 bis 100 diversen Geschlechtsidentitäten gibt und andererseits streng vorgeschrieben wird, welche Heizungsanlage zukünftig zu intallieren ist. Da fehlt dann plötzlich die Wahlmöglichkeit.

Passt es in das Narrativ, wird eine absolut kleinste Minderheit geschützt und bekommt sämtliche Freiheiten, welche die große Mehrheit zu akzeptieren hat. Unterwirft man sich andererseits nicht dieser dogmatischen Gesinnung, wird eine beachtliche aktive Minderheit von 25% bis 40% friedens- und freiheitsliebender, demokratisch orientierter Menschen, die sich öffentlich dazu bekennen, gnadenlos ausgegrenzt, diffamiert und verfolgt oder zumindest lächerlich gemacht.

Ich bin sehr dankbar, froh und glücklich, dass wir uns in meiner Familie, meinem Freundes- und Bekanntenkreis mit gegenseitigem Respekt und entsprechender Offenheit empathisch begegnen. Unterschiedliche Auffassungen bleiben nebeneinander gleichberechtigt bestehen. Dies ist allerdings in meinem weiteren Umfeld oftmals nicht der Fall. Ich nehme auch die Frustrationen, Kämpfe und schmerzhaften Konflikte innerhalb von Partnerschaften wahr, wenn der eine geimpft ist und die andere nicht oder bei unterschiedlichen Haltungen zu den Themen Krieg, Gendern, Geschlechter, Energie, Klima etc.

Trotz allem ist es ganz wichtig, jedem Menschen weiterhin - oder jetzt erst recht - offen und vorbehaltlos mit

Liebe zu begegnen. Ich stelle immer wieder fest, dass persönliche Begegnungen sich wesentlich von dem unterscheiden, was man uns von den Medien mit den Aussagen etlicher Prominenter, Journalisten, Talkmaster und Politiker serviert. Diese Hetze sollten wir einerseits benennen, um Klarheit zu schaffen, andererseits jedoch im persönlichen Umgang miteinander nicht abfärben lassen. Dies erfordert innere Klarheit, Sicherheit, Mut und Kraft, denn es ist nicht so einfach, wenn man öffentlich angefeindet wird. Erst wenn wir die Schranken in unseren Köpfen öffnen, reagieren wir weniger reflexartig und können so die Schranken und Gräben im Außen überwinden, um wieder Brücken bauen zu können.

Auch ich habe in dieser Krisenzeit einige Freunde verloren, dafür jedoch ein Vielfaches an neuen Bekannten und Freunden hinzugewonnen. Für mich persönlich war es niemals relevant für den Umgang miteinander, ob jemand geimpft ist oder nicht bzw. wie er zu Impfungen oder anderen Aspekten des Lebens steht. Das war bei denjenigen, die mich verlassen haben, leider nicht der Fall. Sie haben mein Mitgefühl. Deshalb kann ich sie ohne Ressentiments dort stehen lassen, wo sie gerade energetisch sind. Ich respektiere ihren eigenen Weg, egal, ob sie ihn bewusst oder unbewusst gehen.

Mein Eindruck ist, dass jetzt zusammenkommt, was zusammengehört. Dies geschieht unabhängig von Familie und Freundeskreis, sondern passiert auf der Seelenebene. Es finden sich nun viel schneller als jemals zuvor die Seelenverwandten. Und da wir als Menschheitsfamilie alle seelenverwandt sind, weil wir allesamt aus dem großen Bewusstsein und damit aus der einzigen Quelle der Schöpfung stammen, hat jeder Mensch die Möglichkeit, wieder dazu zu gehören, wenn er sich dafür entscheidet.

Es ist die Entscheidung für die grenzenlose Liebe der Verbundenheit. Wer sein Herz wieder öffnet, um Vergebung bittet sowie sich den Menschen wieder emotional offen und ehrlich zuwendet, dem wird das Tor zur Versöhnung geöffnet. Es bedarf allerdings des eigenen aktiven Schritts.

Fälschlicherweise bezeichnen sich die Seelenverwandten bzw. die Herzfamilie ebenfalls als Gleichgesinnte. Per Definition wären das Menschen, welche ausschließlich die gleichen Ansichten bzw. Einstellungen haben, wie man selbst. Das ist jedoch nicht das Wesen einer gesellschaftlichen Neuausrichtung, denn dies würde ein weiteres Risiko für Trennung und Ausgrenzung bedeuten. Vielmehr geht es um eine ähnliche Schwingung, die verbindet, wobei die Liebe das Bindeglied ist. Liebe duldet gleichermaßen unterschiedliche Ansichten, Einstellungen bzw. Haltungen und öffnet somit das Tor für alle Menschen, die sich auf dieser Liebesfrequenz einschwingen wollen. Die Seelen finden sich über diese Frequenz. Es kommt demnach darauf an, gleichschwingend in Liebe zu sein. Daraus ergibt sich alles andere. Denn das ermöglicht eine Multidimensionalität, die uns vom Konformismus und Zentralismus befreit.

Der forcierte Druck des zentralistisch ausgerichteten Systems im Außen bietet nun die ideale Möglichkeit, sich endlich innerlich zu bewegen und zu ent-Wickeln, um an den Kern des eigenen Seins zu gelangen. Insofern steckt in dieser aktuellen, langandauernden Eskalation die riesige Chance, wieder zu sich selbst und damit authentisch zueinander zu finden. Ich habe in den letzten vier Jahren noch so viel an inneren Blockaden auflösen dürfen und weiteren Erkenntnisgewinn erhalten, dass ich wirklich von Herzen dankbar bin, für diese anstrengende, schwere

Zeit, die für jeden Einzelnen auf ganz unterschiedlichen Ebenen jede Menge offenbaren durfte.

Beruhigend ist für mich, dass dieses verwirrende Chaos im Außen aus den kollektiven Gedanken und dem Bewusstsein der Vergangenheit stammen. Deshalb ist es jetzt so wichtig, darauf zu achten, was wir nunmehr kollektiv denken, kommunizieren und fühlen, um das Blatt in Richtung Liebe zu wenden.

Sobald wir spüren, dass der Schmerz immer größer wird und er nicht mehr auszuhalten ist, das Leben nicht mehr als lebenswert empfunden wird, dann beginnt die Veränderung in uns. Dann ist man bereit, Menschen oder Dinge, an denen man bisher krampfhaft festgehalten hat, loszulassen und gehen zu lassen, weil es nicht mehr passt. Dieser angestoßene Impuls bietet wiederum diesen verlassenen Menschen gleichermaßen die Chance zum eigenen Wandel, wodurch immer mehr Bewegung und Neuordnung in der Matrix des ganzen Systems entsteht.

Jobs, die bisher nur der Sicherung der finanziellen Existenz dienten, lässt man nun eher hinter sich, weil es keine Erfüllung mehr für sich selbst bringt. In den USA gibt es seit geraumer Zeit eine riesige Kündigungswelle. Im deutschen Gesundheitswesen haben mit Einführung der berufsbezogenen Impfpflicht viele impffreie Pflegekräfte ihren ehemaligen Traumberuf verlassen, weil sie sich insbesondere in fachlicher Kenntnis der enormen Risiken des Impfstoffs nicht länger erpressen lassen wollten. Das ist konsequent und mutig. Dass es überhaupt zu dieser begrenzten Impfpflicht in diesem Bereich von Seiten der Politik kommen konnte, zeigt, wie ernst sie den Pflegenotstand tatsächlich nimmt, wenn sie mit dieser Verblendung, Brachialgewalt und Rücksichtslosigkeit nicht nur gegen das Personal, sondern insbesondere auch im Hinblick auf die Patienten vorgeht. Kein Gesundheitsminister der BRD hat ernsthaft dieses Problem des Pflegenotstands jemals angepackt, welches seit Jahrzehnten besteht und sich zunehmend verschärft hat.

Alles darf sich JETZT neu ausrichten und sortieren. Entscheidend ist dabei, sich an seinem inneren Kompass und Wegweiser der Liebe zu orientieren.

Betrachtet man daher den Begriff „Spaltung" in diesem Kontext energetisch positiv und übergeordnet auf der Meta-Ebene, dann vollzieht sich nun die Trennung zwischen Spreu und Weizen. Es ist das Loslösen aus der Verstrickung sowie Verwirrung zwischen Lüge und Wahrheit, wodurch wieder Klarheit in der inneren Zentrierung und folglich auch im äußeren Geschehen entsteht. Diese Aussage kann man nur im Zusammenhang mit dem neuen Zeitalter der Transformation zu einer höheren, feinstofflicheren Dimension verstehen. Denn in dieser universellen Verwandlung geht es darum, dass Menschen durch die Stärkung ihrer inneren Freiheit aufgrund eines erweiterten Bewusstseinshorizontes mit der Öffnung für die echte, reine Liebe, ihre eigenen Fesseln sprengen können. Das äußere Korsett von Überwachung, Kontrolle, Fremdbestimmung, Gewalt, Manipulation etc. ist in diesem Wassermann-Zeitalter der Freiheit nicht mehr dienlich und wird dadurch viel zu eng. Also ist es sinnvoll, sich davon zu befreien, wie die Raupe vom Kokon bei der Verwandlung zum Schmetterling. Dazu braucht es jedoch eines wachen Geistes und klaren Bewusstseins.

Dieses wachsende Bewusstsein mit einem erweiterten Blickfeld wirkt wie eine Furt, die das Wasser trennt und damit einen neuen Weg zum wahrhaftigen Sein in einer höheren Dimension eröffnet und sichtbar macht. Nach meinem Verständnis schafft dies im Übergang zwei Parallelwelten, welche für eine gewisse Zeit nebeneinander existieren werden. Diese bildlich vorgestellte Furt fungiert dabei jedoch wie eine Brücke, die es den Menschen ermöglicht, aufgrund ihrer individuellen Bewusstseinsanhebung jederzeit zur neuen Welt zu gelangen, sobald sie sich von dem Nebel befreien, der ihnen die Sicht versperrt. Insofern hat jeder eine Chance zur Weiterentwicklung aus dem inneren Impuls heraus. Unterstützt werden die Menschen mit ihrer willentlichen Entscheidung durch eine allgemeine, universelle Bewusstseinsanhebung, deren höhere Energiefrequenzen und Schwingungen zunehmend ihre Wirkung auf dieser Erde sowie im gesamten Universum entfalten.

Es wird andererseits sicherlich auch Menschen geben, die sich gegen diese universellen Veränderungsprozesse wehren, weil sie aus Bequemlichkeit oder aufgrund des begrenzten Verstandes bzw. durch die Verblendung in ihren gewohnten Bahnen bleiben wollen. Sie reduzieren sich weiterhin auf die Fixierung hinsichtlich Körperlichkeit, nüchterner Funktionalität und äußerem Streben nach Ablenkung, banalem Spaß oder pflegen ungebrochen ihren Perfektionsanspruch bzw. ihre Selbstoptimierung. Sie sind dadurch leichter verführbar für die andere Parallelwelt, welche den Transhumanismus anstrebt, also die Verschmelzung zwischen Mensch und Technologie. An die Stelle des Menschen sollen dann ferngesteuerte Cyborgs ohne Emotionen treten. Für diese Wesen wird der äußere Druck stärker werden, die Krisen werden sich verschärfen, bis auch bei ihnen hoffentlich eine innere Regung stattfindet, die sie daran erinnert, dass der Mensch ein Organismus ist, wie alles in der Natur, und nicht ein mechanistisches, digitales Wesen. Sobald ein Mensch in seinem menschlichen Dasein so sehr von der KI gedemütigt wird, dass er bzw. seine Seele es nicht mehr aushält, wird sicherlich ein innerer Wandel eingeleitet.

Alle universellen Prozesse sind analog. Daran hat sich trotz des menschlich kreierten digitalen Zeitalters seit Urzeiten nichts geändert und so wird es auch bleiben. Die Natur wird sich unabhängig von den Bestrebungen mancher Menschen organisch evolutionär weiterentwickeln und sich durchsetzen, wie die Liebe, selbst wenn manche Menschen zu Cyborgs werden.

Oder anders ausgedrückt:

Das Universum bleibt in der Form von Liebe, weil alles aus ihrem Funken entstanden ist und weiterhin entsteht. Das wird niemand verhindern können.

Wichtig ist allerdings, diese Menschen nicht für deren unbewusste digitale Anpassung sowie ihren Gehorsam zu verurteilen. Jede Seele hat ihren eigenen Weg, den es zu respektieren gilt. Diese Tatsache durfte ich in den letzten vier Jahren der verordneten Spaltung nochmal intensiv üben. Ich bin auch überzeugt, dass jede Seele ihren eigenen Auftrag auf dieser Erde hat, den sie sich vor der Inkarnation erstellte. Allerdings stellt sich die Frage, ob er wirklich vollständig umsetzbar ist, wenn jemand nicht in Liebe ist und deshalb nicht aus ihr handelt.

Sei es, wie es ist. Lasst sie doch weiter Spaltung spielen, wenn sie das brauchen. Wir spielen einfach nicht mehr mit und widerstehen damit der Versuchung des Kampfes. Sobald wir diesen Perspektivwechsel hinbekommen, kann uns dieses böse, fesselnde Spiel der Machthaber nicht mehr oder wesentlich weniger belasten, weil sich ohnehin nun alles trennt, was nicht mehr zusammengehört und nicht von Liebe getragen ist.

Ich bin mir sicher, dass diese neue Form eines dekadenten Herrschaftssystems im kapitalistischen Sozialismus einen

Verfall erleben wird, wie so oft in der Weltgeschichte. Dieses Mal nicht nur durch zunehmende Genuss- und Vergnügungssucht, sondern vor allem durch den geistigen und ethischen Zerfall im Transhumanismus. Man braucht sich ja beispielhaft nur die derzeitige Bundesregierung anzuschauen. Das marode System wird dieses Mal untergehen, weil die Menschen ihm die Energie durch ihre Selbstermächtigung sowie -wirksamkeit entziehen und nicht, wie bisher, durch Revolution mit der Installation einer neuen ideologischen Herrschaftsform. Das bedeutet demnach einen Entwicklungsprozess durch Evolution des Bewusstseins.

An dieser Weggabelung stellt sich nun die berechtigte Frage, welche neuen Werte für ein friedvolles, freiheitliches, menschlicheres, würdevolles Zusammenleben bedeutungsvoll und notwendig sind, um die Not endlich zu wenden?

Wie definieren wir in diesem Zusammenhang heute und zukünftig Ethik?

Gesinnungsethik beispielsweise legt eine bestimmte Gesinnung eines Menschen als obersten Maßstab für sein Handeln zugrunde und schließt andere Gesinnungen dadurch aus.

Verantwortungsethik dagegen legt das Hauptaugenmerk auf Erfolg und Wirkung einer Handlung.

Beides ist auf das Außen gerichtet und im äußersten Maße beschränkend, weil trennend.

Allgemein betrachtet, ist **Ethik** jener Teilbereich der Philosophie, welcher sich mit den Voraussetzungen sowie der Bewertung menschlichen Handelns befasst und ist das methodische Nachdenken über die Moral. Im Zentrum der Ethik steht das moralische Handeln, insbesondere hinsichtlich seiner Begründbarkeit und Reflexion (Ethik beschreibt und beurteilt Moral kritisch).

Moral ist die Gesamtheit von ethisch-sittlichen Normen, Grundsätzen, Werten, die das zwischenmenschliche Verhalten einer Gesellschaft regulieren und von ihr als verbindlich akzeptiert werden. Dafür werden mehr oder weniger Regeln aufgestellt.

Vor allem die kontinuierliche Reflexion ist von elementarer Bedeutung, denn Moral und Sitte haben vergangene Generationen durch strenge Regeln sowie Bestrafungen in einer ideologischen Verblendung ins Verderben gestürzt. Beides beinhaltet zudem etwas für die Menschen einengendes und manipulatives. Deshalb redet man heutzutage nicht mehr so gern über Moral und Sitte.

Ich beobachte hier in Deutschland diesbezüglich eine kollektiv gering ausgeprägte Selbstreflexion, die sich vielmehr in einer starken Doppelmoral und Heuchelei zeigt. Einerseits wird es als diskriminierend empfunden, wenn ein mit Schokolade überzogener Schaumkuss als Mohrenkopf bezeichnet wird. Andererseits diskriminiert man impffreie Menschen und wünscht ihnen sogar den Tod. Wird eine dem Konformismus entsprechende Demonstration durchgeführt, wird sie bejubelt. Montagsspaziergänge oder Demonstrationen für Frieden, Freiheit und Demokratie werden hingegen als staatsfeindliche Verschwörung und rechtsradikal verurteilt.

Auch der Deutsche Ethikrat, der sich selbst als unabhängiger Sachverständigenrat bezeichnet, hat sich selbst disqualifiziert, weil er sich nämlich im Rahmen der Corona-Maßnahmen einer ausgrenzenden Gesinnungsethik unterworfen hat. Es ließen sich noch unzählige weitere Beispiele für das Messen mit zweierlei Maß finden.

Wir benötigen in dieser neuen Zeit daher eine weiter gefasste, ganzheitlichere Vorstellung von Ethik, Tugenden und Werten.

Während wir früher kollektiv einen äußeren Rahmen gesteckt bekamen, geht es nunmehr um einen inneren Kompass und Wegweiser in einem energetischen Feld von Tugenden und Handlungsprinzipien aus einem wachen Bewusstsein heraus. Manche bezeichnen diese individuelle innere Instanz auch als Gewissen. Das erfordert eine geistige Ausrichtung und ein Fühlen.

Werte sind nach herrschender Meinung tief verwurzelte, bedeutsame und durchdringliche Überzeugungen, Haltungen (Einstellungen), Ideale und Bedürfnisse, welche gewöhnlich von den Mitgliedern einer Gesellschaft auf unbestimmte Zeit individuell geteilt werden und zumeist das unvermeidlich Gute oder Schlechte betreffen.

Gehören Masken mittlerweile schon zum Wertesystem, weil sie einen Wiedererkennungs-Wert haben und ihnen ein Gesundheits-Wert zugeschrieben wird?

Ethische Werte wurden bisher im Wesentlichen von oben nach unten verordnet. Sie sind sozusagen von Außen über die Menschen gestülpt worden, erfuhren jedoch auch eine allgemeine Akzeptanz, weil sie zum Teil mit eigenen inneren Werten übereinstimmten.

Hier eine Auswahl der wichtigsten ethischen Werte, die – zumindest theoretisch - Grundlage unseres gesellschaftlichen Umgangs sind:

Achtsamkeit	Freunde	Selbstbeherrschung
Ehrlichkeit	Loyalität	Vertrauen
Fairness	Pünktlichkeit	Wahrheit

Familie	Respekt	Würde
Freiheit	Rücksicht	Zuverlässigkeit

Hinzu kommen Verantwortlichkeit und Mut.

Als ethische Grundsätze werden darüber hinaus im weltweiten Netz genannt:

Integrität - Respekt - Gerechtigkeit - Nachhaltigkeit - Transparenz - Corporate Citizenship

Wir tragen hierdurch eine Mitverantwortung für allgemeine öffentliche und soziale Anliegen. Jede Person hat für den eigenen Zuständigkeitsbereich Rechenschaft zu geben und soll bereit sein, Missstände zu beheben.

Jeder kann nun für sich die Frage beantworten, inwieweit er diese Werte und Grundsätze tatsächlich konsequent umsetzt und lebt.

Denn über unserer Gesellschaft schweben immer noch die sieben Todsünden „**Hochmut, Habgier, Wollust, Zorn, Völlerei, Neid und Trägheit",** die unser Leben im Mit- bzw. Gegeneinander bestimmen.

Aus meiner Sicht ist deshalb nun endlich die Zeit reif, für eine neu verstandene, **umfassendere, allgegenwärtige Liebesethik.**

Diese **Ethik der Liebe** berücksichtigt unser menschliches Dasein als geistiges Seelenwesen mit unserem höheren Selbst, das aus einer inneren Balance zwischen Körper, Geist und Seele aufgrund der energetischen Anbindung an die göttliche Schöpferkraft sowie der Verbundenheit zur Natur agiert. Es ist eine innere, emotionale und geistige Wahrnehmung von Schwingungen und Frequenzen.

Deshalb handelt es sich um Werte, die aus unserem inneren Gewahrsein heraus wachsen und wirken. Sie beziehen vor allem die emotionale Ebene des Fühlens mit ein, während bisherige Werte überwiegend aus dem begrenzten Verstand heraus als „Kopfgeburt" entstanden.

Mit Liebe verbinden wir im Allgemeinen folgende Wesensmerkmale und Tugenden:

Vertrauen, Würde, Authentizität, Wahrhaftigkeit, Klarheit, Aufrichtigkeit, Wertschätzung, Achtsamkeit, Mitgefühl, Demut, Güte, Dankbarkeit, Sinnhaftigkeit, Vergebung, Selbstbestimmung und -wirksamkeit, Selbstverantwortung, Verantwortung für die Mitwelt, Mut, Zuversicht, Gerechtigkeit, Freiheit, Frieden, Glückseligkeit etc.

Die Realisierung dieser Werte erfordert ein hohes Maß an wacher Bewusstheit und innerer Balance. Sie ermöglicht uns quasi den ganzheitlichen Blick von oben, aus der Meta-Ebene, und lässt uns authentisch in Beziehung zueinander treten. Indem wir die Werte von Herzen leben, bekommen sie eine wichtige Vorbildfunktion.

Dadurch kann eine Befreiung von alten Glaubensmustern, gedanklichen Schranken, inneren Blockaden, Kränkungen sowie von emotionalen Verletzungen, entstanden aufgrund unserer Erziehung, gesellschaftlicher Prägungen und der Sozialisation, besser gelingen. Diese „Arbeit" bzw. das Erforschen an sich selbst und die auflösenden Prozesse nennt man auch inneres Bewusstseins-Wachstum zur Entfaltung unseres wahren Seins. In diesem SO SEIN geht es nicht mehr um „Richtig" oder „Falsch" als Konstrukt des Verstandes, sondern um das Fühlen in der geistigen Anbindung, was für mich persönlich stimmig ist. Das alles erfordert sehr viel und kontinuierliche

Übung, weil wir schließlich kollektiv seit Jahrtausenden ganz anders konditioniert und traumatisiert wurden.

Durch diesen individuellen Entfaltungsprozess verblasst dann allmählich das alte trennende Denken vom „Entweder-Oder." Damit entsteht zunehmend der Raum für ein Verbundenheitsgefühl mit der Welt und dem Kosmos, das mit einer wachsenden Toleranz das „Sowohl-als-auch-Prinzip" einschließt, wodurch ein neues gleichschwingendes, friedvolles und freiheitliches „WIR" der Vielfalt kreiert werden kann. Eine Einheit in Vielfalt, statt einer einfältigen Gleichmacherei.

Denn die politisch-philosophische Publizistin Hannah Ahrendt wusste in den 1950-er Jahren bereits:

„Politik beruht auf der Tatsache der Pluralität von Menschen".

Für sie ist zunächst die Verschiedenheit der Beteiligten sowie das Streben nach Freiheit eine Bedingung des Politischen. Darauf sollten wir uns endlich wieder besinnen. Es benötigt dafür allerdings die aktive Beteiligung der gesamten Bevölkerung. Denn diese ist in einer echten Demokratie der wahre Souverän, was sie sich nicht aus der Hand nehmen lassen sollte (Artikel 20 Grundgesetz: Alle Staatsgewalt geht vom Volke aus).

Nicht umsonst heißt es im Volksmund: „Jedes Volk hat die Regierung, die es verdient."

Wie wirken das Corona-Narrativ und andere Narrative auf die Liebe?

Wahrhaftige Liebe braucht auf menschlicher Ebene Nähe, Zuwendung (auch körperlich), Gemeinschaft, Vertrauen, Zuversicht, Mut und Hoffnung. In dem Kapitel „Die Macht unserer Worte, der Stille und Berührungen" meines Buches „Grenzenlos Lieben – Frei Leben", habe ich auf die Bedeutung von Umarmungen hingewiesen, wonach wissenschaftlichen Erkenntnissen zufolge 12 Umarmungen täglich notwendig sind, um sich energetisch und emotional weiterzuentwickeln sowie die Abwehrkräfte zu mobilisieren. Die Wirkung des Küssens zur Stärkung des Immunsystems ist gleichermaßen wissenschaftlich anerkannt. Das Immunsystem wird nämlich genau dann aktiviert, wenn es sich mit körperfremden Bakterien und Viren auseinandersetzen muss, welche man beim Küssen nun mal zwangsläufig austauscht. Ganz abgesehen davon, werden bei einem Kuss in erster Linie Glückshormone freigesetzt, insbesondere Endorphin und Dopamin. Diese sorgen für die entsprechende Euphorie und das berühmte Kribbeln mit den Schmetterlingen im Bauch. Außerdem noch mit von der Hormonpartie ist das berühmtberüchtigte Oxytocin. Es ist landläufig als Kuschelhormon bekannt und löst beim Menschen Gefühle von Vertrauen und Zuneigung aus.

All das wurde uns von den macht habenden Entscheidern, Soziopathen und Psychopathen in den letzten Krisenjahren genommen bzw. wir haben es uns im psychotischen Panikmodus der Hypnose kollektiv einfach nehmen lassen. Alles drehte sich bei Corona nur noch um Statistiken und verdrehte Zahlenspiele des Robert-Koch-Institutes (RKI), die das angebliche Killervirus dokumentieren sollten. Als das wurde es dann vom ehemaligen Gesundheitsminister Spahn und noch vehementer verbissen von seinem Nachfolger Lauterbach in der Öffentlichkeit auf allen medialen Kanälen verkauft durch ununterbrochene Wiederholung. Dass die meisten Passagen der zwangsweise herbeigeführten veröffentlichten RKI-Dokumente nunmehr geschwärzt sind, spricht für sich!

Als Vorlage und Pilotprojekt diente die Schweinegrippe im Jahr 2009 mit den gleichen Akteuren, wie beispielsweise Drosten. Jahre später wurde dies von kritischen Medien als Luftblase entlarvt, was jedoch an dem großen Teil der Öffentlichkeit vorbeiging, weil es ARD und ZDF nicht sendete.

Dieses Mal hat man die Dramatik verfeinert. 24 Stunden und jeden Tag wurde den Menschen seit 2020 über drei Jahre hinweg auf allen Informations-Kanälen die große Gefahr des Virus und neuer Varianten ins Hirn eingehämmert. Und das weltweit. Zusätzlich wurden wir auch noch mit Affenpocken und RS-Viren „beglückt", für die selbstverständlich ebenfalls jeweilige Impfstoffe als Heilungsversprechen zur Verfügung stehen. Es ist eine wahre Viren-Hysterie ausgebrochen. Auch für Gürtelrose gibt es seit einiger Zeit einen Injektionsstoff sowie eine entsprechende Empfehlung. Der Volksmund bezeichnet diese Vorgehensweise als Gehirnwäsche. Sie findet im Rahmen einer gleichgeschalteten, weltweiten psychologisch ausge-

64

feilten Propaganda statt. So ist es nicht verwunderlich, dass die meisten Menschen keinen Zweifel daran hatten, es handele sich um ein tödliches Virus, zumal das Phänomen obendrein weltweit kommuniziert wurde. Anderen Menschen, die ihnen das Gegenteil über alternative Medien bewiesen, konnten sie nicht glauben, weil ihnen diese Informationen als Verschwörungstheorien vorgebetet wurden.

Kein Gesundheitsministerium, noch sonst irgendein politischer Vertreter verwies auf die elementare Bedeutung der Stärkung des Immunsystems durch Zuwendung, Gemeinschaft, gesunde Gedanken, gesundes Essen und reines Wasser, ausreichende Bewegung sowie Sport etc. Das ist bis heute so geblieben. Für sie ist offenbar nur die Pharmaindustrie und Schulmedizin der wahre Heilsbringer.

All diese vielen Widersprüche und unbewiesenen Behauptungen sowie Spekulationen aus bestimmten Studien zu dem Thema haben nur diejenigen als solche erkannt, die sich nicht vom Angstvirus anstecken ließen und mit klarem Geist sowie geöffnetem Herzen bewusst nach Alternativinformationen suchten. Viele namhafte und bislang anerkannte Experten rückten die ganzen irren und widersprüchlichen Horrorszenarien zurecht und wiesen nach, dass das Virus nicht gefährlicher ist, als Grippeviren und die Todesrate (allerdings nur vor den Injektionen!) sogar niedriger ausfiel.

Für diese sachliche Darstellung der Fakten wurden sie von den Mainstream-Medien und den Regierungen mundtot gemacht und kalt gestellt. Es passte schließlich nicht ins Narrativ ihrer Pseudo-Wissenschaft. Denn wenn wissenschaftliche Aussagen nicht hinterfragt werden dürfen, ist es keine Wissenschaft, sondern eine idiotische, perfide

Ideologie! Deshalb wurden und werden weiterhin zahlreiche Videos mit entsprechenden sachlichen Informationen ohne nachvollziehbare Begründung im Netz gelöscht. Verantwortlich hierfür sind die privaten Anbieter, wie Youtube und Facebook. In Google werden die Aufklärer entsprechend als Rechtsradikale ausgewiesen und abgestempelt. Dies ist ein eindeutiges Indiz dafür, dass private Monopolisten und Kartelle seit langem die Weltmacht übernommen haben und die hilflose Politik dies zuschauend duldet oder sogar aktiv unterstützt. So viel zur häufig zitierten Meinungsfreiheit in einer vermeintlich intakten Demokratie, die in fataler Weise an die Bücherverbrennung des dritten Reiches erinnert. Diese existenzbedrohende Einschüchterungstaktik hat dazu geführt, dass auch bei dem kritikübenden Personenkreis Besorgnis aufkam, nämlich vor zunehmender Unfreiheit und Vergewaltigung durch entsprechende Sanktionen. Etliche Menschen mussten schließlich bereits einige verfassungsfeindliche Repressalien erdulden. Sogar vor rechtswidriger Anklage und Inhaftierung wird nicht Halt gemacht.

Es ist demnach nicht das Virus (wie in den meisten Veröffentlichungen unaufhörlich kundgetan wurde), welches etwas in unserer Gesellschaft verändert hat, sondern die Reaktionen darauf, die angepasste Struktur und der Umgang miteinander aufgrund der Regelungen. Niemals wäre jemals ein Staat auf dieser Erde in der Vergangenheit auf die Idee gekommen, solche drastischen Maßnahmen und Eingriffe in Grund- und Menschenrechte zu verordnen, bei einer Mikrobengefahr, die einer Grippe vergleichbar ist. Mittlerweile dringt diese Tatsache allmählich auch in größeren Teilen der Bevölkerung durch. Obwohl man auch an einer Grippe sterben kann, wie an vielen anderen Krankheiten, sah unser Staat bis 2019 keine Notwendigkeit in diesem Ausmaß einzugreifen. Das war auch gut so!

Innerhalb der vergangenen vier Jahre wurden die Einschränkungen zusammen mit der gesellschaftlichen Ausgrenzung sogar noch weiter verschärft. Arbeitnehmer mussten sich beispielsweise täglich testen. So kam zu dem Masken- und Impfwahn auch noch der Testwahn hinzu, der die Menschen an die „neue Normalität" gewöhnen soll. Kinder waren von der Krankheit kaum betroffen, jedoch gleichzeitig die Gruppe, bei der Maßnahmen am stärksten umgesetzt wurden. Der Deutsche Caritasverband hat jüngst betont, dass Kinder in der Zeit „unverhältnismäßig stark gelitten" hätten. Auch alte Menschen wurden auf unmenschliche Weise isoliert und mussten einsam sterben. Was ist das für eine inhumane Gesellschaft, die die Schwächsten am meisten leiden lässt?

Das Ganze entbehrt jeglicher medizinischer Grundlage und ist ein reiner Akt der politischen Willkür. Dies lässt sich sehr leicht daran erkennen, dass mit Beginn des Ukraine-Krieges im Frühjahr 2022 plötzlich alle Maßnahmen, bis auf die Maskenpflicht in ausgewählten Bereichen, aufgehoben wurden, obwohl die Inzidenzen (die zwar wertlos, aber immer Maßstab waren) weiter anstiegen. Welch ein Wunder war geschehen! Oder lag es eher an den zunehmenden friedlichen Protesten mit den bundesweiten Montagsspaziergängen, die man nicht mehr einfach so ignorieren konnte? Sollte durch entsprechende Rückzugs-Handlungen ihre Energie geschwächt werden?

Wie dem auch sei! Es erfolgte wiederum eine erneute willkürliche, politische Entscheidung, ohne medizinische Grundlage. Die Pandemie wurde Ende 2022 offiziell für beendet erklärt, nachdem in den europäischen Nachbarstaaten das Ganze bereits ein Jahr zuvor niemanden mehr interessierte.

Zwei Monate nach der Aufhebung der allgemeinen Maskenpflicht sah ich immer noch etliche Menschen maskiert. Im Herbst und Winter 2022 hatte die Maskerade nochmal zugenommen. Entweder ist es der Gewöhnungseffekt oder die tief eingebrannte Angst, welche eine Verhaltensänderung verhindert. Die spannende Frage ist, welche Krise als nächstes inszeniert wird. Momentan hält man uns ja noch mit der hausgemachten Energiekrise, dem Klimawandel und dem eskalierenden Ukraine-Krieg auf Trapp. Allerdings wird mit der neuen Vogelgrippe offenbar schon die nächste Pandemie vorbereitet.

Erhebungen zufolge haben sich psychische Krankheiten und Verhaltensstörungen durch diese globale, menschenunwürdige Politik weltweit nahezu verdoppelt. Insbesondere bei Kindern. Die Seelen leiden immer mehr. Auch Suizide haben eklatant zugenommen, vor allem unter jungen Menschen. Das sind - neben den Erkrankungen, ausgelösten Behinderungen und steigenden Todesfällen durch die Injektionen – die verheerenden Kollateralschäden der Maßnahmen. Die Wirkung wird noch zusätzlich verstärkt, weil man uns Menschen von einer Krise zur nächsten jagt und viele kein Licht mehr am Ende des Tunnels sehen können.

Wie die gesetzliche Krankenkasse BKK Provita in einer Pressemitteilung des seitherigen Vorstandes Andreas Schöfbeck vom Februar 2022 berichtete, treten Impfnebenwirkungen bei Corona-Impfungen offenbar deutlich häufiger auf, als offiziell beim Paul-Ehrlich-Institut bekannt. Dabei beruft sich die Krankenkasse auf die Auswertung von über 10 Millionen Versichertendaten. So seien laut der BKK Provita 216.695 Patienten allein in den ersten sieben Monaten des Jahres 2021 wegen Nebenwirkungen durch Corona-Impfstoffe behandelt worden.

Der Verwaltungsrat der BKK ProVita hat nach dieser Veröffentlichung den Vorstand Andreas Schöfbeck mit sofortiger Wirkung gefeuert. Seine Aussagen passten wohl nicht zum Mainstream-Narrativ, das Impf-Nebenwirkungen bestritt und den Menschen stattdessen als Long-Covid verkaufte.

So wie Schöfbeck geht es leider vielen, die sich mit der Wahrheit zu weit aus dem Fenster lehnen. Hoch lebe die Demokratie mit ihrer total(itär)en Meinungsfreiheit!

„Der Haushaltsausschuss des Bundestags hat 52 Millionen Euro für die Versorgung von Kindern und Jugendlichen mit Long Covid freigegeben. Dies gab die SPD-Haushälterin Svenja Stadler bekannt," so der Tagesspiegel vom 16.05.2024.

„Mit den Geldern soll unter anderem in jedem Bundesland eine Spezialambulanz eingerichtet werden. „Dieses Geld sei gut investiert, da Long Covid bei Kindern und Jugendlichen oft anders als bei Erwachsenen verläuft."

„Lauterbach zufolge sind rund eine halbe Million Menschen in Deutschland chronisch und dauerhaft an Long Covid erkrankt. Zu den vielen Symptomen der Erkrankung zählen unter anderem Erschöpfung, Gedächtnisprobleme und Organschäden."

Er verschweigt allerdings, dass dies in Wirklichkeit Impffolgeschäden sind. Mit dem Begriff „Long Covid" lässt sich das gut verschleiern. Die Pharmakonzerne hätten diese Schäden zu bezahlen, doch die Politik hat sie von der Haftung befreit. Jetzt dürfen die Bürger erneut die Zeche über ihre Steuern zahlen, während die Pharmaindustrie durch diese Aktion wiederum neue Profite einsackt. Das ist Verrat am Volk!

Bis zum Jahr 2019 hatte man auf die Eigenverantwortung

der Menschen und die selbstverständlichen Hygieneregelungen vertraut. Das hat auch immer bestens funktioniert. Danach kam es zur Hygiene-, Test- und Impfdiktatur, wodurch die Menschen so extrem manipuliert wurden, dass es die meisten nun für völlig normal, ja sogar als die einzige Möglichkeit der Solidarität und Gesundheitsvorsorge halten. Andersdenkende werden verunglimpft und diskriminiert. Für mich ist das eine neue Form von Rassismus bzw. Apartheid, nur halt nicht nach ethnischen Gesichtspunkten, sondern aufgrund einer gleichgeschalteten weltweiten Ideologie hinsichtlich Gentechnik in einer Gesundheitshysterie, die zu einer massiven Spaltung innerhalb der Gesellschaft führt!

Im Mittelalter hat man die an Lepra erkrankten Aussätzigen vor den Toren der Städte dahinsiechen lassen. Im 21. Jahrhundert wurden jetzt die Gesunden wie Aussätzige behandelt und von der Gesellschaft ausgeschlossen, obwohl doch die Geimpften angeblich geschützt waren. Perverser geht es nicht.

Möglich wurde dies erst durch die Pandemiepläne der Weltgesundheitsorganisation (WHO), die überwiegend privat finanziert ist und davon wiederum zum größten Teil durch die „Bill-und-Melinda-Gates-Stiftung". Niemand der Mainstream-Medien hat sich darüber aufgeregt oder hinterfragt, dass solch eine Organisation, die von niemanden politisch gewählt wurde und daher nicht demokratisch legitimiert ist, diesen weltweiten Einfluss auf fast alle Regierungen hat. Es ist eine ganz neue Variante der Kriegsführung gegen das eigene Volk, ein Psychoterror durch Erpressung, bei der wir alle einer kollektiven Zwangsstörung zum Opfer fallen (können).

COVID-19, im Folgenden nur „C" genannt, zeigt uns andererseits, dass ein unglaublich schneller Wandel der

Lebensgewohnheiten und strukturellen Abläufe in Richtung virtuelle Welt kurzfristig möglich ist, wenn die Menschheit weltweit zu vereintem Handeln unter dem hinterhältigen Vorwand der Gesundheitsvorsorge zentral gezwungen wird. Noch 2019 wäre eine weltweite Unterbrechung der kommerziellen Luftfahrt undenkbar gewesen, ebenso die radikalen Veränderungen in unserem gesellschaftlichen Verhalten und in der Wirtschaft.

Dies könnte als Plädoyer für Restriktionen, Sanktionen und Unterdrückung missverstanden werden, um den technischen Fortschritt noch schneller voranzubringen. Allerdings führen Druck und Bevormundung immer auch zu Widerstand, wenn man erwachsene, aufgeschlossene, intelligente Bürgerinnen und Bürger auf totalitäre Weise wie unmündige Kinder behandelt sowie deren Angst schürt. Deshalb kann nach meinem Empfinden nur Überzeugungsarbeit durch transparente, sachliche und wahrheitsgemäße Aufklärung ein probates Mittel in einer Demokratie sein. Insofern sind auch die einschneidenden Zwangsmaßnahmen in der Klima- und Energiefrage der falsche Weg. Wer außerdem große Reden schwingt, aber selbst anders lebt und handelt, ist diesbezüglich weder authentisch, noch überzeugend für die Menschen. Im Volksmund gibt es die treffende Aussage: „Wasser predigen, aber Wein saufen."

Kohärentes Handeln, also ein Agieren aus dem Bewusstsein der geistigen Angebundenheit heraus, mit dem Blick auf das große Ganze, wäre die Vereinigung einer gemeinsamen Sache aus innerer Einsicht. Wenn diese Einheit in der Vielfalt erfolgt, könnten sich kreative Kräfte in persönlicher Freiheit dauerhaft grenzenlos und nachhaltig entfalten.

Was könnten wir mit einer solchen Kohärenz noch

alles erreichen?

Was möchten wir achtsam und wertschätzend als Gemeinschaft erreichen?

Welche Welt wollen wir zukünftig erschaffen, in der jeder nach seinen Fähigkeiten den richtigen Platz hat?

Was empfinden wir als lebenswert und sinnstiftend?

Das sind immer die ersten Fragen, welche auftauchen, nachdem man sich der eigenen Macht bewusst geworden ist und sich in Verbindung zu anderen Lebewesen und der gesamten Natur sieht.

Dieser gedankliche Schritt ist der Beginn der Selbstermächtigung, mit der dann auch die entsprechenden authentischen Taten im Sinne des Ganzen folgen.

Der mehrmals verhängte Lockdown wirkte wie der Aufenthalt in einer Entzugsklinik, durch den ein suchtkranker Mensch aus seiner Alltagsnormalität gerissen wird. Indem eine Gewohnheit unterbrochen wird, wird sie sichtbar und bietet somit die praktische Möglichkeit der Veränderung. Es ist wie ein großes Erwachen. Ein sogenanntes „Aha-Erlebnis."

Durch diese kollektiv erzwungene Entschleunigung bekamen wir individuell die Gelegenheit, uns zu fragen, ob wir tatsächlich in die alte Normalität zurück wollen. Viele Menschen, mit denen ich sprach, haben diese äußere Ruhe genossen, die ihnen Zeit für die Innenschau gab, nachdem die erste Angststarre verflogen war. Dieser Raum zur inneren Entfaltung wurde jedoch für einen Großteil der Menschen wieder verschlossen, weil regierungsseitig weiterhin die Angst geschürt wurde, indem ihnen kontinuierlich vermittelt wurde, es handele sich um ein Killervirus, das in den Massenmedien obendrein absurderweise und völlig unverantwortlich mit der Pest verglichen wurde. Und dies, obwohl lange bereits anderslautende Erkenntnisse von wirklichen Experten aus der Praxis vorlagen, die vorsätzlich ignoriert und diskreditiert wurden. Vielmehr sind die Irrtümer und Illusionen durch die implantierten, zum Teil gefälschten Bilder der Massen-Medien in den Köpfen der meisten Menschen zur unumstößlichen Gewissheit geworden.

Diese Menschen haben die Chance der Krise somit leider nicht erkannt und können sie solange nicht ergreifen, wie sie in der Manipulation gefangen bleiben, weil sie ihr Bewusstsein aufgrund der Enge und Starre ihrer Ängste nicht freilegen und weiterentwickeln.

Andere hingegen wurden aufgrund anderslautendem Expertenwissen in ihrem Gefühl bestärkt, haben auf ihre Intuition vertraut und die Kraft entwickelt, für Frieden, Freiheit, Demokratie und Selbstbestimmung einzutreten. Ihnen wurde bewusst, dass ein menschliches Leben ohne Liebe und Urvertrauen sinnlos ist. Sie haben begriffen, dass es notwendig ist, sich für eine politische Gemeinschaft des freiheitlich-toleranten Miteinanders zu engagieren, wenn man eine gleichgeschaltete Fremdsteuerung bis hinein in das Privatleben verhindern will. Es ist, als ob ein Schleier gelüftet wurde oder die Scheuklappen abgefallen sind. Diese Menschen lassen im übertragenen Sinne gleichermaßen ihre Masken fallen und zeigen sich aufrichtig, offenherzig und mutig. Sie stellen sich mit Liebe und Zivilcourage der ausweglos erscheinenden, verrückten Situation. So entstehen und wachsen liebevolle neue Gemeinschaften als Parallelwelt zum bestehenden System. Sie entziehen damit letztlich der dunklen Seite des Geschehens ihre Energie, weil sie der Versuchung der geisteskranken Elite widerstehen. Man kann dies wirklich im wahrsten Sinne des Wortes als Geisteskrankheit bezeichnen, weil bei diesen Menschen offenbar die Verbindung zur geistigen Welt fehlt und ihr Handeln sich nur auf ihren begrenzten Verstand mit dem rücksichtslosen Ego reduziert, der sie in der Illusion einer virtuellen, digitalen Welt von perfektionistischer Technik und KI sowie anderen Ideologien gefangen hält. Sie sind die Vertreter einer degenerierten, dekadenten Gesellschaft, welche alles Natürliche entwertet und durch abstruse Ideologien und Dogmen ersetzt. Davon können wir uns alle befreien, wenn wir es wollen.

Jetzt gibt uns nämlich diese große Krise gleichzeitig die riesige Chance, uns endlich auch kollektiv auf die wahre Liebe und ihre Heilwirkung zu besinnen. Es ist eine Rückbesinnung auf die Wurzeln eines sinnstiftenden, glücklichen Lebens, unseres menschlichen Seins, in dem ganzheitlichen Bewusstsein eines Naturgeschöpfes. Das ist es, was unter dem universellen Transformationszeitalter in seiner Essenz als Zeitenwende zu verstehen ist. Wir erkennen plötzlich, dass wir die Wahl haben, unser Leben selbst und eigenverantwortlich als Schöpfer unseres Handelns in die Hand zu nehmen. Und mit dieser Freiheit der Selbstbestimmung und Selbstermächtigung in Liebe, übernehmen wir gleichzeitig freiwillig die Verantwortung für unsere Mitwelt, womit zusätzlich noch der Frieden gefördert wird und sich weiter multipliziert. Dies hat Selbstwirksamkeit zur Folge, mit der Wirksamkeit für die Mitwelt.

Es ist die Erkenntnis, dass sich die meisten unserer Herausforderungen in der Welt nicht mehr durch die Anwendung mechanistischer, konkurrierender Herrschaftsinstrumente und kopfgesteuerter ideologischer Konzepte, Dogmen oder die einseitige Fixierung auf Technologie bewältigen lassen. Damit werden nämlich bisher fortwährend neue Feinde gesucht und kreiert, um sie bekämpfen sowie vernichten zu wollen, wodurch die dunkle, selbsternannte „Elite" ihre Macht sichern oder noch weiter ausbauen kann.

Diesen Kampf gegen vermeintliche Feinde hat die Gesellschaft unbemerkt als ihr eigenes Weltbild übernommen, indem sie sich permanent spalten lässt und dieses Spiel mitspielt, ohne sich vielfach dessen bewusst zu sein. Es ist eine Kriegsmentalität, die uns als Menschheit voneinander trennt und in jedem anderen Menschen oder nunmehr in der Gesundheitshysterie sogar in sich selbst einen Feind sowie eine Bedrohung sieht. Verstärkt hat sich diese paranoide Vorstellung, weil der Feind in Form des Virus nicht sichtbar, vermeintlich neu ist und man angeblich auch ohne Krankheitssymptome „infiziert" sein kann. Dabei wird völlig ausgeblendet, dass im Allgemeinen Mikroben nicht Feinde unserer Gesundheit sind, sondern unsere Verbündeten. Wir haben seit Urzeiten eine Symbiose mit ihnen. Eine artenreiche Darmflora, welche Bakterien, Viren, Hefen und andere Organismen umfasst, ist entscheidend für ein gut funktionierendes Immunsystem. Ihr Artenreichtum wird durch den Kontakt mit anderen Menschen (z.B. der Austausch von Speichel beim Zungenkuss) und mit der Welt des Lebendigen aufrecht erhalten. Leben und Gesundheit geschehen in der kooperierenden Gemeinschaft, nicht in der Isolation und auch nicht im Kampf. Deshalb ist es wichtig, sich bewusst zu machen, dass wir im Einklang mit der Natur ebenfalls eine Menschheitsfamilie sind, die sich nur weiterentwickeln kann und an Kraft gewinnt, wenn sie endlich zusammenhält und sich wieder in die natürlichen Kreisläufe einbindet.

Die Anwendung von Antibiotika, Impfungen, antiviralen und anderen Medikamenten richten großes Unheil in der Körper-Ökologie an, welche das Fundament einer starken Immunkompetenz darstellt.

Unsere Gesellschaft hat über Jahrzehnte hinweg mehr und mehr Wert auf äußere Sicherheit, Gefahrenabwehr und Risikoreduktion gelegt. Abgeschlossene, bewachte sowie videoüberwachte Schulgebäude, Kirchen und öffentliche Plätze, intensivierte Flughafen- und Grenzkontrollen, erhöhte Aufmerksamkeit auf gesetzliche Haftung und Haftpflichtversicherungen, Metalldetektoren und Durchsuchungen vor dem Betreten vieler Sporteinrichtungen bzw. öffentlicher Gebäude etc.

Dieses immer enger geknüpfte Netz einer Vollkasko-mentalität mit totaler Absicherung eines perfektionierten Lebens, welches von Angst geprägt ist, hat die gesellschaftliche Trägheit verschärft und dazu geführt, die Eigenverantwortung abzugeben. Es hat bewirkt, dass viele aus Bequemlichkeit oder vermischt mit Angst, ihre Komfortzone nicht mehr verlassen, obwohl oftmals ein großer Leidensdruck besteht.

Das Mantra „Sicherheit und Kontrolle geht vor" kommt aus einem angstgesteuerten Wertesystem, das ausschließlich dem Überleben und der Funktionalität die oberste Priorität einräumt, nicht einem lebenswerten, lebendigen, sinnerfüllten, glücklichen Leben. Außerdem suggeriert dieses Misstrauenssystem, dass überall eine Lebensgefahr für uns droht, was uns unbewusst in der irrationalen Angst dauerhaft gefangen hält.

Der eigene Tod wird dabei verdrängt, ja muss sogar verdrängt werden, denn wenn vermeintlich überall Gefahren lauern, kann man das sonst nicht mehr ertragen. Viele

Menschen leben, als wären sie körperlich unsterblich bzw. glauben, sie könnten durch äußeren Schutz und eingehaltene Regeln vermeintlich eine Unsterblichkeit für dieses aus ihrer Sicht einzige Leben herstellen. Wer in seinem Denken nur auf die eigene Körperlichkeit, also die materielle Ebene fixiert ist und den spirituellen Aspekt des Lebens nicht mit einbezieht, kommt aus dieser Angst niemals heraus. Man gerät dadurch leicht unter Druck, möglichst viel an Aktivitäten in diesem Leben unterzubringen. Das erzeugt ungesunden Stress. Für diese Menschen ist meist auch das Altern ein riesiges Problem, weil ihnen dadurch das Ende der Körperlichkeit gnadenlos vor Augen geführt wird. Die vielen „Schönheitsoperationen" sind ein klares Indiz dafür.

All das hat Menschen vom wirklichen Leben, das auch wohltuende Muße, Entspannung und viele kleine Glücksmomente beinhaltet, entfernt. Die einen geraten in eine hektische Betriebsamkeit, andere wiederum verharren in einer angstvollen Starre der Gewohnheiten und sind bereits innerlich tot, bevor sie tatsächlich sterben.

Versteht man das eigene Selbst als einen Bewusstseinsknotenpunkt in einer Beziehungsmatrix, wird man nicht länger nach einem Feind suchen, um jedes Problem zu verstehen, sondern stattdessen nach Ungleichgewichten und Konflikten in den Beziehungen, die es aufzulösen gilt, um die Beziehungsebene mit Liebe zu stärken.

Der wahrhaftige, sinnvolle Gegenentwurf ist daher die bedingungslose, allgegenwärtige Liebe. Sie verbindet uns alle miteinander mit ihrem Licht durch das Urvertrauen in das Leben mit seinen natürlichen Kreisläufen von Werden und Vergehen. In diesem Licht wird gleichermaßen die Dunkelheit als Bestandteil der Polarität integriert. Dadurch ergibt sich eine individuelle INNERE Sicherheit innerhalb einer gleich schwingenden Gemeinschaft, die uns auch im Außen Halt gibt. Unsere Lernaufgabe besteht nun darin, dies zu erkennen, um uns endlich wieder der reinen Liebe zu widmen, die alles verbindet. Das ist im tieferen Sinne mit „Erwachen" gemeint.

Menschen, die ihre Liebe nicht leben können, somit keine innere Sicherheit besitzen, suchen diese im Außen und halten sie in Form von Gegenständen oder Personen krampfhaft fest. Deshalb verachten sie auch die Freiheit oder wissen sie gar nicht zu schätzen, weil sie glauben, dass sie den Schutz verlieren, wenn sie die äußere Kontrolle aufgeben und die vermeintliche Sicherheitszone verlassen. Doch mit der Liebe schließen sich Freiheit und Sicherheit nicht mehr aus. Im Gegenteil, sie vereinigt beide miteinander, so wie alles andere.

Schon Jean-Jacques Rousseau wusste:

„Die Freiheit des Menschen liegt nicht darin, dass er tun kann, was er will, sondern dass er nicht tun muss, was er nicht will."

Dies bedeutet gleichzeitig Verantwortung. Das ist der Grund, warum die meisten Menschen sich so sehr vor ihr fürchten.

Denn:

„Wer Freiheit wahrhaft liebt, will sie nicht nur für sich."

(Guido Peters)

Ein Liebender erkennt nämlich in seiner Achtsamkeit und Wertschätzung gegenüber seiner Mitwelt:

„Die Freiheit des Einzelnen endet dort, wo die Freiheit des Anderen beginnt."

(Immanuel Kant)

Alles an gewachsener, mantrahafter Technikgläubigkeit, Digitalisierung, Künstlicher Intelligenz etc, was bisher als Fortschritt bezeichnet wurde, kann nun im Lichte der Wahrheit ganz anders beleuchtet und hinterfragt werden. Dadurch verliert diese Entwicklung womöglich an Sogwirkung und bekommt einen anderen Platz im Gesamtgefüge mit einer natürlichen größeren Ordnung der Liebe.

War das alles Gottes Fügung?

Nicht von ungefähr heißt dieses Virus „Corona" = Krone. Der Mensch als selbsternannte „Krone der Schöpfung" bekommt nun die Krone in Form einer Narrenkappe aufgesetzt, um endlich zu erkennen, dass er Teil der Schöpfung ist und sich deshalb nicht mehr über sie hinwegsetzen darf. Die Zeit ist jetzt offenbar reif, um sich wieder in die natürlichen Kreisläufe der Erde und des Kosmos zu integrieren.

Die Krone ist gleichzeitig Ausdruck ihrer Macht und Würde sowie Symbol ihrer Herrschaft über ein bestimmtes Volk oder Territorium. Es soll uns nunmehr auf krasse Weise ebenfalls vor Augen führen, dass wir als Menschheit seit Jahrtausenden von der Kabale unterdrückt bzw. versklavt wurden und dies bis heute zugelassen haben. Jetzt ist die Gelegenheit, dass wir uns selbst krönen. Jeder Einzelne für sich. Dies ist Ausdruck und Erkenntnis, dass wir die eigenen Schöpfer unseres Lebens sind und niemand von oben uns befehlen muss, was zu tun oder zu lassen ist. Damit werden die Begriffe Souverän und Souveränität endlich mit Leben erfüllt. Ein wahrhaftiger, liebender Souverän läuft nicht weg aus Angst vor dem Leben oder Angst vor dem Tod. Ein wahrer Souverän beherrscht und unterwirft nicht. Ein aufrichtiger, authentischer Souverän dient den Menschen, dient dem Leben, der Mutter Erde und respektiert die Souveränität aller Wesen.

Ist dieses Desaster im Außen nun alles aus Liebe geschehen, um der wahrhaftigen Liebe endlich zu ihrer heilenden Wirkung zu verhelfen?

Das inszenierte Theater auf der Weltbühne zeigt uns auf jeden Fall mit schmerzlicher Deutlichkeit, was mit Menschen geschieht, die sich durch propagandistisch verbreitete Panik die Liebe entziehen lassen und sie dadurch in Massen verwirrt umherirren.

Die zugespitzte Spaltung in der Gesellschaft ist mehr als deutlich zu erkennen, wenn man hinschaut. Die Trennung in unseren Köpfen, die bereits seit Jahrhunderten oder gar seit Jahrtausenden besteht, hat sich neben dem bisherigen Konkurrenzkampf nun noch zusätzlich äußerlich drastisch manifestiert durch praktizierte Abstandsregelungen. Unsere Masken, welche wir im übertragenen Sinne anderen Menschen im Umgang miteinander durch unser aufgesetztes Rollenverhalten gezeigt haben, um uns nicht authentisch und verletzbar zu offenbaren, sind nun zu real getragenen und äußerlich sichtbaren Masken geworden. Die Maskerade wurde vollendet durch den Maulkorb, den man uns seit vier Jahren verpasst hat, der weiterhin wirkt, was von der apathischen Masse klaglos hingenommen bzw. mittlerweile von vielen Menschen als selbstverständliche Normalität betrachtet wird. Das Ganze ist zum Selbstläufer geworden.

Angst gemeinsam mit Sucht, Depressionen sowie körperlichen Leiden gedeihen auf diesem Boden von *Getrennt-heit und Traumata* aus vergangenen Generationen, der eigenen Kindheit, der Gewalt, dem Krieg, dem Missbrauch, der Missachtung, der Scham, dem Schuldgefühl, der Bestrafung, der Isolation, der Armut etc.

Diejenigen, welche in ihrer Angst gefangen sind, können für die Liebe anderer Menschen nicht mehr offen und empfänglich sein. Im Gegenteil, sie betrachten sie als unsolidarische Bedrohung. Liebende Menschen sind für sie Fremdlinge oder merkwürdige Exoten aus einer anderen Welt. Aus ihrer Sicht ist das nachvollziehbar. Die Ursache hierfür ist, dass sich eine neue Solidarität der gemeinsamen Panik breit gemacht hat, die alles andere ausschließt. Denn der Mensch ist ein soziales Wesen und möchte dazugehören, selbst dann, wenn die Mehrheit einer Gemeinschaft sich in einem neurotischen Angstfeld bewegt. Das Entscheidende ist, dass man nicht zu einer Minderheit gehören will. Ein halbwegs liebevoller, aber doch zurückhaltender, skeptischer Kontakt beschränkt sich höchstens noch auf die Familie oder den engsten Freundeskreis. Aber auch dort gibt es Zerwürfnisse, aufgrund der unterschiedlichen Haltungen zu C. oder dem Krieg oder, oder. Diese Menschen verdienen unser tiefstes Mitgefühl, denn ihr Leiden ist nach meinem Empfinden groß.

Wir können diese Eskalation, diesen geisteskranken Wahnsinn an verächtlicher Unmenschlichkeit nun endlich zum Anlass nehmen, um einen neuen, versöhnlichen Weg einzuschlagen, Richtung Wiedervereinigung der Menschheit in Vielfalt, Ganzheitlichkeit, Wiederherstellung von Beziehungsfähigkeit sowie solidarischer Gemeinschaftsausrichtung zur Wiedereingliederung in das natürliche Lebensnetzwerk.

Wir stehen an einer Weggabelung, bei der die Spreu vom Weizen getrennt wird. Damit meine ich nicht das Aussortieren von „guten" und „schlechten" Menschen, wie bei den Linsen in dem Märchen „Aschenputtel". Vielmehr geht es darum, dass jeder Einzelne jetzt für sich die Chance nutzt, seinen heiligen Wesenskern, sein wahres höheres Selbst freizulegen und zu entfalten. Es ist sozusagen die innere Befreiung von der eigenen Spreu, um an das fruchtbare Samenkorn zu gelangen, das dann mit Licht die Liebe nährt sowie über den Beziehungs-Fluss des Lebens weiter verbreiten und wachsen lassen kann.

Für uns Lichtträger bzw. -botschafter ist es eine große Herausforderung auch diejenigen, die (noch) nicht in der Lage sind, dies umzusetzen, in Liebe anzunehmen und die Türen weiterhin offen zu halten. Jeder Mensch hat seinen ganz eigenen Weg und seine eigene Zeit der Bewusstseinsentwicklung. Dem gilt es respektvoll Rechnung zu tragen, auch was die individuellen Entscheidungen, wie Impfung betrifft. Jede inkarnierte Seele trifft ihre eigene Entscheidung und hat ein Recht darauf. Dabei ist es völlig unerheblich, ob dies bewusst oder unbewusst geschieht. Niemand darf sich darüber belehrend erheben. Und wer dies doch tut, ist nicht besser, als diejenigen, welche er verurteilt. Dieser Grundsatz gilt sogar für die Kabale, die eine Rolle im Gesamtgefüge einnimmt, selbst wenn sie vorsätzlich handelt. Jesus spricht in diesem Kontext von Feindesliebe. Allerdings ist es erlaubt, ja sogar notwendig, die Zusammenhänge klar und deutlich vehement zu benennen, um die Wahrheit aufzudecken, auch wenn es schmerzt. So hat es Jesus auch unbeirrt getan.

Wenn wir also als Menschheit überleben wollen, ist es wichtig, möglichst vielen Menschen die Gelegenheit zu geben, in das Boot der Liebe einzusteigen. Das geht nur, wenn wir aufeinander zugehen.

Ich bin sehr zuversichtlich und hoffnungsfroh, dass in diesem Transformationszeitalter des Wassermanns mit einer liebevollen und geduldigen Toleranz bzw. Akzeptanz unsere Liebe über die Dunkelheit der Angst siegen wird.

Wir werden viel zu verzeihen haben...

….so lautete die Aussage des ehemaligen Gesundheits-
ministers Spahn. Wir wissen nicht wirklich, was er sich
dabei gedacht hat und wen er mit „WIR" meinte. Fast
könnte man annehmen, dass diese Äußerung in einem
lichten Moment der eigenen Einsicht über die unmensch-
lichen, leidvollen Taten entstand, die eine Lawine des
Grauens auslöste. Es klingt aber auch wie eine Prophe-
zeihung, Forderung oder Erwartung. Vergebung kann man
jedoch nicht einfordern, sondern nur erbitten. Oder man
vergibt von sich aus freiwillig das Verhalten oder die Tat
eines anderen, was ein sehr langer Prozess sein kann.

Aus meiner Sicht hat er diese Aussage wahrscheinlich
nicht zufällig oder gar versehentlich getroffen. Es muss
ihm wohl klar geworden sein, was er mit seinem Handeln
anrichtet. Doch statt ein Stopp zu setzen und eine Rich-
tungsänderung vorzunehmen oder zumindest eigene Fehler einzuräumen, hat er stromlinienförmig angepasst
weitergemacht. Es ist ihm wohl alles über den Kopf
gewachsen. Wie dem auch sei. Wer Gewissensbisse bekommt, weil er sich über seine Schandtaten im Klaren
wird und trotzdem sehenden Auges weitermacht, müsste
meinem Rechtsempfinden nach auf jeden Fall noch
stärker zur Verantwortung gezogen werden, als jemand,

der sich erst nach seinem Handeln über die Folgen bewusst wird und dadurch zur Einsicht gelangt. Nur im letzteren Fall hat die Vergebung ihren tieferen Sinn. Ansonsten erteilt man sich selbst einen Freibrief, nach dem Motto: „Ich kann machen, was ich will und danach muss man mir halt verzeihen." Hier wäre es eher angebracht, aus tiefstem Herzen jemanden um Vergebung zu bitten und zu hoffen, dass vergeben wird.

Es ist daher aus ethischen Gründen notwendig, nach bestem Wissen und Gewissen verantwortungsvoll zu agieren und zusätzlich im Nachhinein entsprechend die Verantwortung für die Folgen seines Handelns zu übernehmen. Vor allem in politischen Führungspositionen, aber auch in der Wirtschaftsführung übernimmt nach meiner Beobachtung nur noch ganz selten jemand Verantwortung und trägt demzufolge auch kaum die Konsequenzen. Wenn Spahns Nachfolger Lauterbach, der sich selbst obendrein als Experte bezeichnet, die Aussage trifft, „Impfungen seien nebenwirkungsfrei", dann ist das nach meiner Einschätzung als ausgebildeter Rechtswissenschaftler Vorsatz, zumindest grobe Fahrlässigkeit, was strafrechtlich zu verfolgen wäre. Jeder praktizierende Arzt weiß, dass alle Medikamente Nebenwirkungen haben können. Sogar bei medizinischen Laien hat sich diese Binsenwahrheit weitgehend herumgesprochen. Das Landgericht Ellwangen hat 2023 trotz der Tatsache vorliegender und steigender Impfschäden seine Aussage lediglich als freie Meinungsäußerung subsumiert. Das zeigt wiederholt den desolaten Zustand unseres zusammenbrechenden Rechtssystems. Solche zweifelhaften Entscheidungen fördern leider die gesellschaftliche Verantwortungslosigkeit, vor allem in verantwortungsvollen Führungspositionen, von denen millionen Schicksale abhängen. Wer so ein Unrechtsbewusstsein wie bei Lauterbach von einem Gericht bestätigt bekommt, würde selbstverständlich niemals an Rücktritt denken. Rücktritte finden seit geraumer Zeit sowieso wohl nur noch statt, wenn jemand tollpatschig in den Medien auftritt oder als Sündenbock von der politischen Kaste abgeschossen wird.

Es tragen nicht nur die beiden Minister Schuld an der ganzen Misere. Schließlich hat das gesamte etablierte Parteienspektrum ihr Handeln gedeckt. Weder haben sich Christdemokraten christlich verhalten, noch Sozialdemokraten sozial. Weder haben sich Freidemokraten für Freiheit ausgesprochen, noch haben die Grünen pazifistisch oder ökologisch gehandelt. Dieser Fakt gilt im Übrigen für alle anderen politischen Entscheidungen der Parteien gleichermaßen. Es ist nur noch ein öder Einheitsbrei. Die Parteienprogramme sind reine Makulatur geworden. Es erinnert alles immer mehr an die Verhältnisse der DDR mit ihrer SED und den „Blockflöten"-Parteien.

Dass wir uns viel zu vergeben haben, ist zumindest einer der wenigen wahren Sätze von Spahn, der im jetzigen energetischen Wandel einer neuen Ära sogar eine übergeordnete, ganz elementare Bedeutung hat, um als Gesellschaft durch Verständigung, Aufeinander zugehen und Aussöhnung wieder zusammenwachsen zu können. Denn die Gräben sind insbesondere in den letzten vier Jahren sehr tief geworden.

Die Menschen sind kollektiv leider bis heute geprägt von der überlieferten Vorstellung eines strafenden Gottes im Alten Testament der Bibel, welcher über uns im Himmel steht und nach Vergeltung schreit sowie in das weltliche Geschehen zornig eingreift. Dadurch ist in der Weltgeschichte bis in die Gegenwart ein nie endender Kreislauf von Konkurrenz, Hass, Neid, Eifersucht, Gier und Krieg entstanden. („Und wer seinen Nächsten verletzt, dem soll man tun, wie er getan hat, Schaden um Schaden, *Auge um Auge, Zahn um Zahn;* wie er hat einen Menschen verletzt, so soll man ihm wieder tun." (Lutherbibel 1912, 3.Mo 24,19–20)). Es ist die Anmaßung, über andere richten zu dürfen. Dies hält uns in der niedrig schwingenden Energie der Angst und des Hasses gefangen, wovon dunkle Mächte profitieren, die durch ständige Spaltung und Unfrieden stiftend so ihre Macht ungestört immer weiter ausbauen können.

Menschen, die in diesem Bewusstsein der 3. Dimension in der materiellen Welt des Konsums gefangen sind, neigen in ihrem Mangel an Liebe deshalb sehr leicht zu Schuldzuweisungen, Urteilen und Vergeltungen.

Die Getäuschten und Geschädigten der C-Maßnahmen mit ihrem Leid, wollen die Verbrecher am liebsten lebenslang hinter Gittern sehen oder wünschen ihnen sogar den Tod. Das ist in gewisser Weise durchaus verständlich. Unser Rechtssystem sieht bekanntlich eine Möglichkeit der Bestrafung vor. Deshalb ist es auf materieller Ebene auch legitim. Allerdings erkennen diese Menschen nicht, dass sie sich mit diesen Rachegelüsten letztlich selbst belasten. Denn sie versuchen damit eine Schuld mit Sühne zu begleichen, die wiederum eine weitere Schuld auslösen kann, auch wenn dies nur gedanklich geschieht. Da die alte Schuld dadurch nicht ungeschehen gemacht werden kann, also nicht getilgt wird, bleibt die emotionale Anhaftung bestehen. Somit wächst ein riesiger, belastender Schuldenberg, wie wir ihn vom Geldsystem kennen. Die Eskalationen in Kriegen veranschaulichen dies am deutlichsten. Es wird Schuld um Schuld auf eine riesige Halde aufgeladen, was niemals zum Frieden führen kann, sondern nur zu begrenztem Waffenstillstand. Die ständige Aufrüstung ist ein klares Zeichen dafür, dass irgendwann an einem beliebigen Ort ein neuer Krieg bevorsteht. Eine Teufelsspirale ohne Ende. Deshalb ist es so absurd, wenn Politiker immer wieder gebetsmühlenartig behaupten, dass Aufrüstung notwendig sei, um Frieden zu erhalten. Wenn es tatsächlich so wäre, dürften wir seit Jahrtausenden keine Kriege mehr haben! Das Gegenteil ist jedoch der Fall.

Jeder, der schon einmal in einem Rechtsstreit obsiegte, weiß, dass damit kein Reset-Knopf gedrückt wird, der automatisch eine innere, emotionale Erleichterung herstellt. Es dient eher der inneren Genugtuung mit einer kurzfristigen Befriedigung.

Außerdem ist den Menschen, die nach Sühne rufen, nicht bewusst, dass sie beispielsweise im C-Geschehen, aber auch bei anderen Lügen nur „hinters Licht" geführt werden konnten, weil sie selbst in der Dunkelheit geblieben sind. Das kollektive, systemische Feld wird wechselseitig von Individuen beeinflusst. Es gilt daher, sich Ursachen und Wirkungen zu widmen, um diese Zusammenhänge zu durchschauen. Täter und Opfer lassen sich deshalb nicht eindeutig zuordnen. Die Rollen sind darüber hinaus austauschbar und fließend. Wir leben in einem Spannungsfeld von Aktionen und Reaktionen. Durch Reaktionen kann man ebenfalls zum Täter werden. Nach meinem Empfinden tragen wir ALLE das sogenannte Gute und Böse in uns. Schon deshalb sollten wir demütiger sein. Für beides können wir uns jederzeit entscheiden, aber manchmal unterliegen wir auch einem inneren Zwang oder einer Besetzung bzw. Anhaftung. Nach der Indianergeschichte mit dem guten und bösen Wolf, gewinnt immer der Wolf, den wir selbst jeweils am meisten nähren. Und je mehr wir unser Bewusstsein erweitern bzw. anheben, je mehr wir gelassen und ausgeglichen sind, desto leichter wird es, sich auf das Gute in Form der bedingungslosen Liebe auszurichten. Die Liebe integriert und neutralisiert das angstvolle, verkrampfte Mangel-Denken und Handeln, was sich durch den sich verstärkenden Tunnelblick leicht zu etwas „Bösen" entwickeln kann.

Insofern halte ich es für bedeutungsvoll, immer erst bei sich selbst zu schauen, wo mein eigener Anteil am Geschehen liegt. Inwieweit bin ich in jeder Situation in meinem Wirkungskreis korrumpierter Mittäter, Mitläufer, Denunziant, Spalter, ängstlicher oder bequemer Zuschauer? Wie sehr habe ich verdrängt, weggeschaut, geschwiegen, war ich feige etc.?

Diese fundamentalen Fragen sollten wir uns jeden Tag, in jeder Situation, an jedem Ort unseres Handelns stellen. Nicht nur in eskalierenden Krisenzeiten oder zu bestimmten Themen. Wer seinem Gewissen folgt, spürt genau, wann er in Versuchung gerät und vom rechten Weg der Liebe abkommt, wodurch er die dunkle Seite in sich stärkt. Diese zeigt sich dann durch das sogenannte „Böse" in der äußeren Wirkung. Wir sind alle davon betroffen. Der eine mehr, die andere weniger. Deshalb hilft es wenig, sich untereinander dafür zu verurteilen. Vielmehr nutzt uns der eigene Bewusstseinsprozess der Erkenntnis, um es zukünftig besser zu machen.

Aufmerksame Beobachter und aufarbeitende Historiker haben festgestellt, dass sich viele Verbrecher des dritten Reiches sowie der DDR ihrer Verurteilung erfolgreich entzogen haben. Etliche von ihnen haben im neuen Staat wieder in Führungspositionen gestanden. Außerdem war es gar nicht möglich, alle "Täter" zu bestrafen, sonst hätte man die Bundesrepublik aufgrund fehlender "Manpower" überhaupt nicht gründen können. Insofern waren die Nürnberger Prozesse nur eine Beruhigungspille für die

Öffentlichkeit. Dasselbe gilt für den ostdeutschen Teil der ehemaligen DDR und die Offenlegung der Stasi-Akten mit den anschließenden Strafprozessen. Wir hätten bei systematischer Verfolgung dort bis heute keine funktionierende Infrastruktur. Diese nicht verurteilten Menschen haben entweder die Wahl gehabt, aus ihren Handlungen Einsichten sowie Erkenntnisse für eine Verbesserung und Neuausrichtung zu ziehen oder unter anderen Vorzeichen weiterhin andere zu quälen. Ich befürchte, dass es bei einer möglichen Aufarbeitung dieser aktuellen menschenverachtenden Handlungen und Morde nicht anders sein wird. Vor allem die Strippenzieher im Verborgenen werden möglicherweise wie damals verschont bleiben. Es sei denn die Wahrheit kommt in dieser Transformationszeit tatsächlich bis in die letzten Ecken ans Licht.

Eine weitere Frage ist, wo beginnt die Bestrafung und wo endet sie? Müsste nicht auch der bequeme bzw. ängstliche Zuschauer zumindest eine leichte Bestrafung bekommen, weil er zu gehorsam war oder sich manipulieren ließ? Tragen diese Menschen im weltlichen Sinne ganzheitlich betrachtet nicht auch eine Schuld, weil sie all das Leid zugelassen haben?

Die Menschheitsgeschichte lehrt uns darüber hinaus, dass eine Bestrafung im Sinne einer Schuld-um-Schuld-Begleichung nicht wirklich zu grundlegenden kollektiven Verhaltens- und Handlungsänderungen geführt hat, sondern vielmehr eine Teufelsspirale von Gewalt, Kriegen und Hass aufrecht erhält, weil es an innerer Einsicht, Demut und Liebe fehlt. Diese niedrig schwingende Energie hält die Menschheit in einer Endlosschleife von Angst, Verzweiflung und Leid gefangen.

Jesus lehrte deshalb im Neuen Testament im Sinne eines liebenden, befreienden Gottes, der uns diese Lasten nimmt:

„Ihr habt gehört, daß da gesagt ist: „Auge um Auge, Zahn um Zahn." Ich aber sage euch, daß ihr nicht widerstreben sollt dem Übel; sondern, so dir jemand einen Streich gibt auf deinen rechten Backen, dem biete den andern auch dar." (Lutherbibel 1912, Mt 5,38–39).

Selbst in seiner größten Not, seinem größten Schmerz und Leid am Kreuz betete er:

„Herr vergib ihnen, denn sie wissen nicht, was sie tun."

Dies konnte er nur aussprechen, weil er als Mensch bereits selbst seinen Peinigern vergeben hatte, um den Teufelskreis der Vergeltung zu durchbrechen.

Mit „auf die Backe schlagen" bzw. „einen Streich geben" nahm er Bezug auf eine Schmähung, eine Erniedrigung, eine Beleidigung der schlimmsten Art. Ein Schlag mit dem Handrücken auf die rechte Backe (Wange) war zur damaligen Zeit besonders entehrend.

Die Anweisung Jesu ist erstaunlich: „Wenn dich jemand auf deine rechte Backe schlägt, dem biete die andere auch dar." Mit anderen Worten im übertragenen Sinne: "Nimm diese Beleidigung hin, ohne diesem Übel nun aktiv zu widerstreben, ohne dem anderen mit gleicher Münze heimzahlen zu wollen. Das vermittelte er seinen Anhängern als Feindesliebe. Diese schwierigste Umsetzung und Übung von bedingungsloser Liebe ist die Vollendung der neuen ethischen Vorstellung, dass wir als Gottes Geschöpfe alle die göttliche Schöpfung in uns tragen und somit Schöpfer unseres eigenen Lebens in Liebe sind. Es ist die vollkommene, allgegenwärtige, wahrhaftige und bedingungslose Liebe, welche alles verbindet sowie integriert, weil sie anerkennt, was ist. Dies ist der ganzheitliche Weg von Versöhnung, Verständigung und entstehender wechselseitiger Wertschätzung, der durch Einbeziehung der geistigen und seelischen Ebene nachhaltigen Frieden und Freiheit auf dieser Erde ermöglicht. Dadurch wird ein selbstbestimmtes Leben gefördert. Es berücksichtigt gleichzeitig die Tatsache, dass niemand unfehlbar ist. Deshalb sei gnädig mit Dir, aber genauso auch zu anderen.

Auch Jean Baptiste Henri Lacordaire erkannte:

„Willst du einen Augenblick glücklich sein, räche dich. Willst du ein Leben lang glücklich sein, schenke Vergebung."

Glück bedeutet in diesem Zusammenhang, sich von der eigenen Last der Vergeltung zu befreien. Diese innere Freiheit führt zu innerem Frieden und wirkt sich dementsprechend im Außen aus. Ich bin mir sehr wohl im Klaren darüber, dass dies eine der schwersten kollektiven Aufgabe sein wird, weil dies ebenfalls einer elementaren Bewusstseinsentwicklung bei den Menschen bedarf, mit der klaren Erkenntnis, es gibt nur diesen Weg für Aussöhnung und wahren Frieden. Dieser Transformationsprozess gilt im Kleinen, wie im Großen. Ich bin sehr zuversichtlich, dass es uns gemeinsam gelingt. Denn gemeinsam sind wir stark. Und wenn wir uns gegenseitig diesbezüglich stärken, erhöhen wir die Schwingungen der Liebe. Das sollten wir uns immer wieder vergegenwärtigen. Gerade auch in Zeiten, in denen wir glauben, keiner aktuellen Bedrohung ausgesetzt zu sein.

Als Menschen in Liebe steht es uns nicht zu, zu richten. Vergebung ist daher ein ganz wesentlicher Aspekt bzw. wichtigste Voraussetzung für nachhaltigen, bedingungslosen Frieden und wirklich unabhängige innere Freiheit, wodurch erst ein wahres Glücklich SEIN in Liebe möglich wird.

„Frieden ist nichts, was du dir wünscht. Es ist etwas, das du tust, das du bist und etwas, das du verschenkst."

(John Lennon)

Wie kommen wir zur Vergebung von Herzen?

Das Vater-unser-Gebet bietet den Christen einen Lösungsansatz, der vielen wahrscheinlich nicht mehr bewusst ist, weil sie entweder gar nicht beten oder aber das Gebet auswendig herunter „rattern". Leider sind auch die Begriffe „Schuld", „Sünde" und „Fegefeuer" durch die Institution Kirche so negativ besetzt, dass manche mit Vergebung wenig anfangen können.

Ich will darauf gar nicht näher eingehen, vielmehr die Essenz der Passage im Gebet, ...„und vergib uns unsere Schuld, wie auch wir vergeben unseren Schuldigern"... herausarbeiten. Gläubige bitten den Schöpfer um Vergebung für ihr Handeln und haben gleichzeitig die Gewissheit, dass ihnen Vergebung gewährt wird. Das gibt ihnen leichter die innere Freiheit, anderen Menschen, von denen sie bewusst oder unbewusst verletzt wurden, auch zu verzeihen. Nutzt man diese Freiheit bzw. erkennt den Zusammenhang, wird dadurch der ewige Teufelskreis durchbrochen, erneut immer wieder Menschen zu verletzen, weil ich selbst verletzt werde oder wurde. Außerdem bewirkt es eine Befreiung von den angehäuften Lasten der Vergangenheit, weil ich durch die Vergebung diese Lasten besser loslassen und auflösen (transformieren) kann. Im übertragenen Sinne geben wir durch die VER-GEB-UNG dem anderen zurück, was zu ihm gehört, in seiner Verantwortung liegt, und nehmen uns wieder das, was unseres ist. Es entsteht eine Entwirrung und somit Klarheit. Man kann es auch so ausdrücken, dass das Herz wieder rein wird. Damit füllt sich unser emotionaler Raum wieder vollständig mit Liebe. Lieben bedeutet in diesem Zusammenhang, zu verstehen und zu fühlen, dass der/die andere anders ist und mit diesem Anders-Sein wertvoll für das gesamte Gefüge. Vergebung ist der Schritt dorthin, um aus der Verurteilung herauszukommen, die den Blick trübt.

Es ist das Bewusstsein darüber, dass wir als Menschen nicht unfehlbar sind und dies nicht nur uns selbst, sondern auch anderen zugestehen. Wir machen uns klar darüber, dass jeder sein Bestes gibt, auch wenn er mir durch sein Handeln Schmerzen zufügt. Damit relativiert sich auch die Schuldfrage, die tatsächlich im Gefüge der Schöpfung nicht existiert, dennoch durch unsere Konditionierungen tief verankert ist. Deshalb werden an dieser Stelle auch einige fragen, wie denn ein Anders-Sein wertvoll sein kann, wenn beispielsweise jemand mordet? Jesus spricht in diesen Fällen von Feindesliebe, die nur erklärbar und verständlich wird, wenn man sich das große Ganze aus der Beobachterrolle in einer höheren Sphäre auf der Meta-Ebene anschaut und aus der eigenen Betroffenheit bzw. dem Urteil herauskommt. Dann wird nämlich deutlich, dass wir alle sowohl Täter als auch Opfer sind, wenn auch zumeist nicht in dieser drastischen Form. Selbst die sogenannten Retter bzw. Helfer können in dem Täter-Opfer-Verhältnis verstrickt sein. Wir können als Menschen nur schwer oder gar nicht begreifen, dass alles im Gesamtgefüge einen tieferen Sinn ergibt.

Wenn man mir Schmerzen zufügt, dann hat es in der Regel nichts mit mir zu tun, sondern mit dem anderen, der nicht über seinen Schatten springen kann und in sich gefangen ist. Es ist ein Zeichen von Hilflosigkeit und Unbewusstheit. Sobald ich dies mit den Augen der Liebe betrachte, kann sogar Mitgefühl für den anderen Menschen entstehen. Genau das brauchen wir jetzt in unserer Gesellschaft, um wieder zusammenwachsen zu können.

Situationen und Menschen mit ihrem Handeln zu akzeptieren, heißt nicht automatisch, dass wir unbedingt damit auch einverstanden sein müssen. Wir sind mit dieser Haltung deshalb nicht schwach bzw. geben nicht auf oder werden gleichgültig. Davor schützt uns nämlich unsere Selbstliebe, die ein klares NEIN zulässt, was uns stärkt.

Ganz gleich, was wir tun, es liegt nicht in unserer Macht, andere Menschen oder vergangene Geschehnisse zu verändern. Wir geben nur den sinnlosen Widerstand auf, indem wir dieser Versuchung widerstehen. Ein innerer Kampf, der sich unaufhörlich gedanklich damit beschäftigt, wie eine Situation besser ausgegangen wäre, wenn ich oder andere Personen anders gehandelt hätten. Was passierte, ist passiert. Es lässt sich nicht rückgängig machen. Ich kann nur Schlüsse für zukünftiges Verhalten daraus ziehen und durch diesen Lerneffekt komme ich dann auch zu neuen Erkenntnissen, die dem Lebensfluss dienlich sind. Deshalb ist die Selbstreflexion von so großer Bedeutung. Für mich ist dieser Umgang mit Situationen und die Akzeptanz dessen, was ist, die wahre menschliche Stärke. Ich schöpfe neue Energie, weil ich mich von altem Ballast befreie, was in meinem Herzen das Tor zur Liebe weiter öffnen kann.

Wenn ich das wirklich innerlich von Herzen annehmen kann und in Liebe bin, also alles so akzeptiere, wie es gerade ist, dann komme ich auch in die Dankbarkeit. Diese äußert sich darin, dass ich erkenne: Alles was mir begegnet, auch an leidvollen Erfahrungen, dient letztlich meinem inneren Wachstum, meiner Erkenntnis und meinem Weg zu mir Selbst. Zu meinem inneren Kern der Liebe mit der Verbindung zum universellen Bewusstsein.

Ich habe fast 40 Jahre gebraucht, um meinem Vater vollständig zu verzeihen. Damit wird deutlich, wie lange dieser Ballast drücken bzw. lähmen kann und man sich selbst damit blockiert, weil es wertvolle Energie für ein glückliches Leben raubt. Es ist so, als lebe man mit angezogener Handbremse. Ein verborgener Schmerz, der bleibt und uns immer wieder erinnert, wie bei einem Stachel im Finger. Selbst wenn die Wunde zugewachsen ist, tut die Stelle immer noch weh, wenn man sie berührt. Manchmal ist der Schmerz die einzige Verbindung zu dem, was man glaubt, verloren zu haben.

Das entscheidende Ereignis, das meinen Verzeihensprozess beschleunigt hat, war eine Familienaufstellung vor ca. 12 Jahren. Dort habe ich meinen Vater stellen lassen und ihn zum ersten Mal auf der Seelenebene als leidendes, schwaches Kind sehen sowie erkennen können. Zuvor habe ich ihn seit meiner Pubertät nur als „Aggressor" und Gegner wahrgenommen, der meist wütend und ablehnend auf mich reagierte. Alles, was ich tat, stellte er im Grunde in Frage. Die Fronten verhärteten sich so über die Jahre und wir waren beide im gegenseitigen Kampf und Groll gefangen. Die systemische Aufstellung öffnete meine Augen und bescherte mir einen neuen Blickwinkel der Güte, wodurch ich endlich voller Demut Mitgefühl für meinen Vater empfinden konnte. Das war für mich eine große Erleichterung. Bei dieser Aufstellung brach ich in Tränen aus und konnte endlich weinend um sein und mein Leid trauern, das uns aufgrund der gemeinsamen Erlebnisse plötzlich wieder im Herzen vereinte. Es folgten über die Jahre viele kleine Schritte der Vergebung. Die Trauerarbeit war dabei ganz wichtig. Leider gab es keine Möglichkeit der persönlichen Auseinandersetzung in einem versöhnlichen Gespräch, weil er sich mir diesbezüglich nicht öffnen konnte. Ich habe ihm mental vergeben, als er nach seinem wiederholten Schlaganfall nicht mehr sprechen konnte. Für mich war das ein Wink des Schicksals. Denn mein Vater redete immer viel, ließ mich ungern zu Wort kommen und war mir gegenüber in einer ständigen Abwehrhaltung. Da er nun nicht mehr widersprach, konnte ich mich auf ihn einlassen und über unseren Augenkontakt war es dann endlich möglich, inneren Frieden miteinander zu schließen. Der Prozess war erst nach seinem Tod vollständig abgeschlossen, als ich in die vollständige Dankbarkeit gehen konnte und dadurch viele schöne Erinnerungen an ihn wach wurden, die vorher tief vergraben waren. Nachdem ich in der Lage war, ihm für alles zu danken, was er mir auf meinem Lebensweg gegeben hatte, konnte ich ihn endlich als wertvollen, liebenswerten Menschen anerkennen. Und dadurch öffnete ich mich ihm mit seinem Anders-Sein, sodass seine wärmende Liebe für mich wieder spürbar wurde. Daran ist erkennbar, wie sehr emotionale Verletzungen und Kränkungen den Blickwinkel sowie das Herz verengen bzw. versteinern können und wie wichtig für einen selbst die Vergebung ist, um sich zu befreien. Die Leichtigkeit des Seins danach zu spüren, ist wie ein Wunder und deshalb einfach wundervoll.

Ich kann nur jedem ans Herz legen, noch zu Lebzeiten zu verzeihen, soweit dies möglich ist. Es ist auch für den Menschen, der geht, eine große Befreiung und erleichtert das Sterben.

Aus dem Erleben der C-Gesundheits-Diktatur sind wir

letztlich alle mehr oder weniger traumatisiert. Jeder auf seine Weise. Ein weiterer Schock stellt für viele die aktuelle Kriegshysterie und Besessenheit der Machthaber dar. Eine Strategie zur Bewältigung der Ereignisse ist Verdrängung. Dies zeigt sich u.a. darin, dass Menschen ihre Ruhe haben wollen und nichts zur Aufarbeitung hören wollen. Deshalb gibt es gesellschaftlich viel Arbeit zur Heilung.

Der erste Schritt zur Versöhnung ist, wieder offen, wertschätzend und achtsam miteinander zu kommunizieren, um sich einander anzunähern und den anderen in seinen Beweggründen besser zu verstehen. Dies gilt sowohl in der Familie, im beruflichen als auch großen gesellschaftlichen Umfeld. Darüber hinaus werden viele Therapien und geistige Heilung notwendig sein. Wichtig ist für uns, zu erkennen, dass jeder Mensch aus seiner eigenen Entwicklungsgeschichte und Lebenswirklichkeit heraus recht hat und entsprechend handelt. Es hat daher keinen Sinn, dem anderen unsere eigene Wahrheit überzustülpen oder ihn überzeugen zu wollen, dass seine Wahrheit falsch ist.

**Was sind entscheidende Schritte,
um auf Verletzungen zu reagieren?**

- Gestehe dir ein, dass dir etwas nicht passt, du dich unwohl fühlst oder sehr traurig bist. Keine Verharmlosung, kein Wegwischen des Gefühls. Schaue dem Schmerz in die Augen und fühle ihn.

- Spreche die Grenzüberschreitung offen und möglichst zeitnah an. Rede Klartext. Keine Anspielungen, keine Ironie, kein Zynismus, kein Herumeiern.

- Moralisiere nicht. Es geht nicht darum, ob irgendjemand Schuld hat. Damit würden wir uns auch indirekt über den anderen erheben.

- Höre aufmerksam zu, wenn dein Gegenüber von sich erzählt. Hier geht es um Achtsamkeit und Wertschätzung. Fange also nicht an, dich zu rechtfertigen oder das Anliegen kleinzureden.

- Es geht nicht um sofortige Patentlösungen, sondern um Dialog und Anteilnahme. Manche Dinge können wir vielleicht schnell regeln, weil sie auf einfachen Missverständnissen beruhen. Andere Themen können dagegen schon an den Grundfesten der Beziehungen rütteln. Hauptsache sie liegen auf und nicht unter dem Tisch.

Indem wir jemanden nahe kommen, lernen wir auch uns auf eine besondere Weise kennen. Manches fühlt sich gut an, manches nicht so gut. Doch alles hilft uns, die eigenen Grenzen zu erkennen und wertzuschätzen. Und wenn wir auf diese Weise offen und vertrauensvoll miteinander umgehen, gewinnt die Liebe in der Regel an Tiefe. Obwohl oder gerade weil wir viele Prüfungen gemeinsam bestanden haben.

Die Schritte zur Vergebung:

Schritt Nr. 1

Kläre für dich, warum Vergebung wichtig ist. Wenn dich jemand verletzt und dir durch sein Verhalten Unrecht getan hat, dann ist es meist sehr schwer zu vergeben. Wahrscheinlich siehst du dich absolut in der Position, recht zu haben und hältst deshalb lieber an deinem Ärger über das Fehlverhalten des anderen Menschen fest. Es ist auch gut möglich, dass du ihn bereits gedanklich über den Jordan geschickt hast. Nur ist es leider so, dass am Ende du eher unter dem Ärger und der Last, die du weiter mit dir herumschleppst, leiden wirst, als die andere Person. Das verhält sich nämlich genauso, als wenn du Gift trinken würdest und hoffst, dass derjenige, der dich verletzt hat, davon stirbt. Verstehe, dass es in erster Linie für dich selbst wichtig ist, zu vergeben, als für den anderen Menschen. Selbst wenn du dich nicht ärgerst, sondern den anderen einfach ignorierst oder dich gleichgültig abwendest, bleibt die emotionale Verletzung bzw. Kränkung oder der verletzte Stolz in dir bestehen und es wird dir irgendwann erneut in anderen Situationen mit anderen Menschen begegnen. Du wirst es auch nicht auf Dauer vermeiden können, wenn du dich nur Menschen zuwendest, die dir nicht widersprechen oder sich nach deinen Spielregeln verhalten. Spätestens dann, wenn sie nicht mehr mitspielen, beginnt das Dilemma von vorne.

Schritt Nr. 2

Vergebung erfordert deine Entscheidung! Wenn du also sagst, du kannst nicht vergeben, meinst du viel eher, dass du es nicht willst. Denn du siehst dich selbst in dem Moment am wenigsten in der Lage, das Geschehene zu vergeben. Das ist auch für diesen Moment völlig in Ordnung. Verstehe: Verzeihen bedeutet nicht, dass du alles mit dir machen lässt. Vielmehr bedeutet es, dass du deine „negativen" Gefühle und deinen Schmerz loslässt und diese Begebenheit hinter dir lässt, indem du sie verarbeitest. Denke daran: Du willst ein unbeschwertes und glückliches Leben führen, ohne solche schweren Steine mit dir herumzutragen. Also entscheide dich dafür, loszulassen und zu vergeben! Natürlich ist es nicht damit getan, zu sagen, „Ich verzeihe". Lass dir Zeit, bis du innerlich dazu bereit bist und es tief von innen spürst.

Schritt Nr. 3

Überlege dir Möglichkeiten, wie du deinen Ärger überwindest! Versuche einfach einen Weg zu finden, wie du am besten mit der Situation umgehst. Gewinne dafür den nötigen Abstand. Beobachte dich quasi von Außen. Stelle dir Fragen wie z.B. „Hat dieser Mensch dich wirklich absichtlich verletzt? Weiß die Person, dass sie dich verletzt hat? Hat sie versucht, sich bei dir zu entschuldigen?" Je mehr du versuchst, die Situation aus allen Winkeln zu beleuchten, umso einfacher wird es dir fallen, zu verzeihen. Du kannst aber auch mit einer neutralen Person darüber sprechen, um dir dabei zu helfen. Sei dir im Klaren, dass negative Gefühle eine selbstzerstörerische Wirkung haben.

Finde deinen Weg, deinem Ärger Luft zu machen. Schreibe es in dein Tagebuch oder schreibe dem Menschen einen Brief und stelle deine Ansicht der Lage klar. Du musst diesen Brief noch nicht mal abschicken. Hauptsache, du hast es schriftlich fixiert, um es gedanklich schon mal auf eine andere Ebene zu bringen. Entscheidend ist auch die Fähigkeit, sich selbst verzeihen zu können. Schreibe auf, warum es dir schwerfällt. Wofür verurteilst du dich, was kannst du nicht an dir akzeptieren und welche Ursachen könnte es dafür geben? Oftmals sind Verstrickungen in den Familienstrukturen Auslöser für Selbstverurteilungen, Scham und Schuldzuweisungen.

Mir hat beispielsweise geholfen, in den Wald zu gehen und alles laut herauszuschreien. Trommeln und Schreien befreite mich auch. Du kannst dich auch einfach mit dir selbst unterhalten. Vor dem Spiegel hat es noch eine stärkere Wirkung. Tue alles, was dir hilft, den Kummer zu verarbeiten. Es ist am Ende ein schöneres Gefühl über den Dingen stehen zu können, wenn man sich von den Lasten und Blockaden befreit hat.

Innerer Friede kann nicht verordnet werden, sondern nur in uns selbst entstehen, wachsen und erreicht werden. Sobald wir unsere eigenen inneren emotionalen Verletzungen (zumeist aus der frühen Kindheit) bearbeiten und Menschen, die sie ausgelöst haben, vergeben, kommen die Prozesse in Gang. Wann immer ich andere für schuldig halte, verstärke ich mein eigenes Gefühl an Schuld und Wertlosigkeit. Ich kann mir selbst nicht vergeben, solange ich nicht bereit bin, anderen zu vergeben. Es spielt keine Rolle, was mir jemand in der Vergangenheit (scheinbar) angetan hat oder was ich Schlechtes getan habe. Ich kann mich nur von Schuld und Angst befreien, wenn ich vergeben kann. Das ist eine ganz bewusste Entscheidung. Entweder ich will vergeben, oder ich will es nicht. Es ist keine Frage des Könnens. Wie oft höre ich, „Ich kann nicht vergeben, weil ich nicht vergessen kann." Es geht auch nicht um das Vergessen, denn was geschehen ist, ist geschehen. Es ist andererseits jedoch vorbei und abgeschlossen. Die Frage ist vielmehr, will ich Vergangenes mental festhalten, in Selbstmitleid zergehen, oder mir selbst zuliebe die damit verbundene Last loslassen. Loslassen bedeutet, sich einzugestehen, dass kein Mensch unfehlbar ist und damit entsteht eine gewisse Nachsicht. Solange ich einen Vorfall dauerhaft als persönlichen Angriff einordne, will ich allerdings nicht vergeben, selbst wenn mir das nicht bewusst ist.

Sind meine Gedanken auf Angriff gegen andere gerichtet, greife ich mich in Wirklichkeit selbst an, weil sich in mir Verstimmung breit macht. Angriff bringt nur Gegenangriff oder Widerstand, keine Lösung, keinen Frieden. Es bleibt nur die Verletzung anderer und bei sich selbst. Erst wenn der verhängnisvoll geschlossene Kreislauf des Angriffs und des Widerstandes durchbrochen wird, kann es zu wahrem Frieden kommen. Ich habe immer die Wahl zwischen Angriff und Frieden, zwischen Sieg und Verlust. Immer nur Recht haben zu wollen, bringt weder Sieg noch Frieden, sondern Konflikt. Ich selbst bin nicht perfekt oder unfehlbar und habe deshalb kein Recht, dies von anderen zu verlangen. Was ich sehe und verstehe, ist eine Spiegelung dessen, was bzw. wie ich etwas wahrnehme. Und genauso projiziere ich es auf die Außenwelt. Es geht nicht um Stärke im Sinne von Starrsinn, Prinzipientreue und Vernichtung. Vielmehr sind Liebe, Toleranz, Frieden und Vergebung erstrebenswert, um mich selbst sowie die Welt zu heilen. Heilung bedeutet letztlich die Rückkehr zum Paradies, zum wahren Sein, auch wenn das für manche sehr pathetisch klingt.

Ich habe nicht das Recht, über einen anderen Menschen zu urteilen oder ihn zu verurteilen. Solange ich verurteile, verurteile ich gleichzeitig Anteile in mir und lehne sie damit ab. Es ist deshalb erforderlich, an meinen eigenen Schatten (das, was ich von mir nicht sehen will und unbewusst tief vergraben habe) zu arbeiten und sie aufzulösen. Sie werden mir immer wieder in Situationen und der Begegnung mit anderen gezeigt. Sobald ich mich auf diese Trigger einlasse, kann ich sie bearbeiten. Erst wenn ich in mir selbst Frieden gefunden habe, indem ich akzeptiere, was ist, kann ich ihn in die Welt tragen. Um meine so genannten „blinden Flecken" aufzulösen, muss ich ehrlich mit mir selbst sein. Erst dann kann ich sie wirklich erkennen und anpacken.

Kannst du dich daran erinnern, dass du irgendwann gedacht oder gesagt hast: „So wie der oder die will ich NIE werden?" Je vehementer wir etwas an anderen ablehnen, desto tiefer sitzt es auch als Schatten in uns und wartet auf unsere wahrhaftige Aufmerksamkeit, um angenommen und transformiert zu werden.

Wenn wir unser Herz öffnen und beginnen, auch das anzunehmen und zu lieben, was wir nicht sein wollen, entsteht Frieden. Er wächst zunächst in uns und danach zwischen uns und unseren Mitmenschen.

Hierzu ein Zitat von Safi Nidiaye:

„…Tief im Innern herrscht der Krieg, der die Kriege im Äußeren verursacht. Führen Gut und Böse in dir nicht mehr Krieg, wird auch in deiner Welt kein Krieg mehr sein.

Dein Böses ist die Waffe und Rüstung deines Guten und dein Gutes die Tarnung und der Schutz des Bösen.

Schaust du beides mit den Augen deines Herzens an, so erkennst du sie als das, was sie sind:

Natürliche Regungen deines menschlichen Gemüts,

weder gut noch böse. Das Herz kennt weder gut noch böse. Es kennt nur Berührung oder Nichtberührung. Was es berührt, berührt es in seinem Sosein und wird von ihm verstanden in seinem Sosein. Das Herz fühlt und weiß, ohne zu urteilen.

Gutes und Böses:

Im Theater der Welt treten sie getrennt auf. In Wahrheit sind sie eins. Schaust du unter die Oberfläche, so siehst du das Band der Liebe, das Täter und Opfer vereint."

Selbst wenn dieser größere Zusammenhang nicht für jeden nachvollziehbar und einleuchtend ist, gibt es keinen anderen Weg zum Frieden, als zunächst das anzunehmen, was ist. Ohne Wertung. In der Welt der Dualität nehmen wir „Gut" und „Böse" als Pendelausschlag und damit als etwas Getrenntes wahr. In Wirklichkeit sind es nur zwei Seiten einer Medaille oder Münze. Schaue ich nicht mehr abwechselnd frontal auf die jeweiligen Seiten, sondern konzentriere mich mit dem Blick von oben auf den Rand, dann bemerke ich, dass beides Eins ist. Dadurch kann ich die Verbindung, das Ganze, wahrnehmen und nicht mehr die Trennung bzw. das Spaltende. Indem ich beide Extreme mit dem Herzen in Liebe verbinde, bringe ich das Pendel ruhend in die ausbalancierte Mitte und komme so zum Ausgleich und zur Harmonie.

Solange ich Feindbilder pflege, schägt das Pendel noch aus und ich bewege mich in Schuldzuweisungen, die mich allerdings ohnmächtig und unfrei zurücklassen. Dabei spielt es keine Rolle, ob ich einerseits impffreien Menschen und Friedensaktivisten oder andererseits Regierungen sowie selbsternannten Eliten bzw. dunklen Mächten die Schuld für mein Leid zuweise und es bejammere. Dadurch ändere ich nichts. Ich bleibe im Unfrieden. Allerdings ist es auch wichtig zu erkennen, von welchen Kräften wir manipuliert werden. Wahre Liebe bedeutet daher auch, dies entsprechend zu benennen, um uns wieder selbst ermächtigen zu können.

Alles was im Außen mit guter Absicht passiert, an Verhandlungen, Kompromissen und Sanktionen, führt nicht zum wahren Frieden, wenn er nicht in uns selbst ist. Bist du im Frieden mit dir, hört nicht sofort Gewalt und Krieg im Außen auf. Das sind vielmehr Prozesse, die erst im Multiplikatoren-Verfahren wirken, weil dem Ego zunehmend die Energie genommen wird. Erst wenn die so genannte kritische Masse erreicht ist, löst sich etwas im Außen. Man kann sich das so vorstellen, wie es die

Friedensbewegung in den 1980-er Jahren formuliert hat: „Stell dir vor, es ist Krieg und keiner geht hin." Wenn 99% der Menschen im Frieden mit sich und der Welt sind, kann 1% der Machthaber keinen Krieg mehr anzetteln. Der Wandel vollzieht sich allerdings schon sehr viel früher. Eine verändernde Gruppendynamik beginnt bereits bei 15% bis 25%, die mit ihrem Handeln vom bisherigen System abweichen.

Momentan hat man eher den Eindruck, dass die Kriegslüsternheit wieder zugenommen hat, nachdem in den 1990-er Jahren die Großmächte abgerüstet hatten. Tatsächlich ist es nur eine gewaltbereite Minderheit, die diesbezüglich in den Massenmedien zu Wort kommt und die Macht hat, Waffen zu liefern sowie Kriege zu führen, wodurch sie profitiert. Die meisten Menschen sind friedliebend, auch wenn sie dies heute nicht mehr oder seltener auf der Straße durch Demonstrationen zum Ausdruck bringen. In alternativen Medien wird dies jedoch deutlich gemacht.

Frieden kann nur im Hier und Jetzt gefunden werden, niemals in der Vergangenheit oder der Zukunft. Der jetzige Augenblick ist die einzige Zeit, die wichtig und maßgeblich ist. Wenn ich das Vergangene und die Zukunft immer wieder durchdenke, bin ich ein Sklave meiner selbst. Indem ich die Vergangenheit loslasse, befreie ich mich von einer schmerzlichen Last, die ich bis in die Gegenwart getragen habe.

Im Sein leben bringt Frieden und damit auch Freiheit. Wir glauben immer etwas tun zu müssen, um Frieden zu finden. Ständige Aktivitäten bringen schnell Hektik und verstärken das berühmte Hamsterrad. Es lenkt von unseren inneren Bedürfnissen ab und führt in die Irre. Geduldig „Geschehen lassen", ist das, was zählt. Aus dem

Geschehen dann die richtigen Schlüsse für das eigene Handeln zu ziehen, ist die Kunst.

Loslassen bedeutet, aufzuhören energetisch festzuhalten und stattdessen innerlich zuzulassen, was gerade geschieht.

Verzeihen bedeutet, aufzuhören übelzunehmen.

Innehalten bedeutet, aufzuhören, mich ständig im blinden Aktivismus zu bewegen.

Inneren Frieden und Gelassenheit erreichst Du, indem Du lernst sehr vieles zu unterlassen, wie beispielsweise:

- das Recht haben wollen
- das Können wollen
- das Urteilen
- das Erwarten
- das Ablehnen
- das Angreifen
- das Manipulieren
- das Gutsein wollen
- das Wichtig sein wollen
- das Verdrängen
- das Verwechseln

Warum fällt uns das so schwer?

Weil wir nach einem Ersatz suchen, für etwas, das uns fehlt, wir aber meist nicht benennen können. Es ist die tiefe Sehnsucht nach Liebe. Wir verhalten uns wie Süchtige, die ihr Suchtmittel brauchen. Der Ersatz füllt das Fehlende nicht auf. Er macht nur süchtig.

Wenn wir uns selbst die Ersatzstoffe versagen, können wir das finden, was uns wirklich fehlt und heil werden. Deshalb liegt die Lösung so oft im Unterlassen oder Geschehen lassen. Sobald wir erfolgreich mehrere Vergebungsprozesse durchlaufen haben, können wir sogar zu der Erkenntnis gelangen, dass es im Grunde überhaupt nichts zu vergeben gibt. Denn alles, was wir erleben, dient unserer persönlichen Weiterentwicklung. Dazu gehören insbesondere schmerzhafte Erfahrungen als Lernaufgabe. Außerdem suchen sich die Seelen ihre Aufgaben aus, bevor sie inkarnieren. Ich bin mittlerweile tatsächlich so weit, anzuerkennen, dass alles einen Sinn hat, auch im großen Weltgeschehen.

Jesus sagte: „LIEBET Eure Feinde!", denn sie hören dann auf, Feinde zu sein. Und Jeder, an den Du in LIEBE denkst, fühlt sich GELIEBT und kann auch nicht mehr Dein Feind sein.

Wo Liebe strahlt, hat Angst keine Macht.

Wo Angst herrscht, kommt Liebe nicht zur Entfaltung.

Uns wurde alles gegeben was wir brauchen, um jetzt in diesem Augenblick glücklich zu sein. Bei Kindern kann man das sehr gut beobachten, wie sie jeden Moment in der Gegenwart genießen. Sie machen sich keine Sorgen um das Morgen und was gestern war, ist schnell vergessen. Selbst schmerzhafte Ereignisse sind von einem zum anderen Moment wie weggeblasen. Wer hat nicht schon gesehen, wie Kinder herzergreifend weinen können und innerhalb von Sekunden oder Minuten haben sie wieder ein Lächeln auf dem Gesicht, wie die Sonne, die nach einem reinigenden Gewitter und Regen ganz unerwartet strahlend hinter den dunklen Wolken erscheint. Sie sind im SEIN des Augenblicks, während Erwachsene gerne sehnsuchts- oder leidvoll der Vergangenheit nachhängen bzw. aus Sorge für die Zukunft - teilweise akribisch – planen. Dadurch kommt die Gegenwart oftmals viel zu kurz, weil der Moment und die Chancen für die eigene Entwicklung durch die gedankliche Ablenkung kaum wahrgenommen wird. Es entgeht daher vielen Menschen, dass auf der Erde in der Natur keine Knappheit herrscht, wie es uns Politik und Wirtschaft durch ihre Propaganda ständig vermittelt. Die Schöpfung ist vielmehr ein Ort der Fülle, Freude und Glückseligkeit. Somit ist auch für uns Menschen ausreichend gesorgt, sofern wir uns wieder in die Kreisläufe und Schwingungen der Natur integrieren, zumal wir keine natürlichen „Feinde" mehr haben.

Liebe bleibt energetisch immer konstant, nur der Mensch, von dem wir sie erwarten bzw. erhoffen, kann wechseln. Gerald Hüther sagt zurecht: „Liebe ist das unbedingte Interesse an der Entfaltung des Anderen." Gleichzeitig bedeutet es, dass Menschen sich nicht verändern brauchen, damit wir inneren Frieden erleben können. Es liegt vielmehr an uns, wie wir die Welt, uns selbst und andere wahrnehmen möchten. Nur wir selbst können uns ändern. Es sind unsere Gedanken, die es wert sind, angeschaut zu werden, um sie dann entsprechend zu steuern, damit wir die Angst loslassen und uns neu ausrichten können. Das ist unsere Chance, um auch aus unseren alten Gewohnheiten herauszukommen. Diese Fähigkeit und der Wille zur wachsamen, besonnenen Flexibilität geben uns die Möglichkeit, auf unerwartete Veränderungen, Krisen und Konflikte im Leben angemessen zu reagieren. Dadurch können wir uns auf neue Situationen besser einstellen. Das bedeutet nicht, seine Persönlichkeit aufzugeben und zum Chamäleon zu mutieren. Es geht stattdessen darum, wie wir bestimmte Situationen einschätzen und darauf reagieren.

Handeln wir nach einem Reaktionsschema des Stammhirns reflexartig oder können wir durch Innehalten und Beobachten neue Einsichten sowie Überzeugungen gewinnen?

Wie gehen wir mit neuen Herausforderungen um?

Lassen wir uns auf sie ein oder flüchten wir und gehen lieber den gewohnten Gang?

Wir sollten uns bewusst machen, dass wir immer die Wahl haben. Wir können sie jedoch erst wahrnehmen, sobald wir achtsam sind und uns möglichst von (Vor)-Urteilen befreien.

Das Leben besteht daher im Prinzip aus vielen verpassten und ergriffenen Gelegenheiten.

Manche sagen: "Liebe tut weh", aber das stimmt nicht. Einsamkeit und Zurückweisung tun weh, oder der Verlust eines Menschen tut weh. Viele Menschen verwechseln leider diese Dinge mit der Liebe. In Wahrheit ist die wahre Liebe das Einzige auf dieser Welt, das Schmerzen heilt und uns wundervoll fühlen lässt.

Sobald wir zu dieser Erkenntnis gelangen und unsere Glaubenssätze dahingehend zurechtrücken, fällt es leichter, uns nach schmerzvollen Erfahrungen und emotionalen Verletzungen wieder vorbehaltlos auf die Liebe einzulassen.

Alles was wir erleben, ist unser eigener Geisteszustand. Sind wir voll Harmonie, Liebe und Wohlbefinden, projizieren wir dies nach außen.

Sind wir voller Angst, Zweifel und Sorge, werden wir dies erfahren, weil wir den Energie-Raum dafür öffnen.

Solange Menschen in der Bedürftigkeit bleiben, suchen sie im Außen Macht, um über andere zu herrschen und sie für ihre Zwecke zu benutzen. Entfalten sie wieder ihre Macht der Liebe und leben diese, begegnen sie anderen Menschen auf Augenhöhe von Subjekt zu Subjekt und schenken sich gegenseitig ihre Fähigkeiten sowie Kompetenzen.

- Nur über uns selbst kommen wir zur Selbsterfüllung und zum Vergeben.
- Ich kann alle Dinge so sehen, wie ich sie haben möchte.
- Angreifen und verteidigen bringt keinen inneren Frieden.
- Ein echtes Akzeptieren ist immer frei von Forderungen und Erwartungen.
- Geben von Herzen bedeutet, seine Liebe bedingungslos ohne Ansprüche grenzenlos zu verbreiten.

Im Grunde entstehen alle Konflikte in unseren verschiedenen Beziehungebenen. Deshalb geht es um Klärung der Beziehung zu sich selbst, damit eine Klarheit in den zwischenmenschlichen Beziehungen entstehen kann.

Ich kann für mich selbst jederzeit neu entscheiden:

Will ich Seelenfrieden oder Konflikt und Kampf?
Will ich Liebe oder Angst?
Will ich im anderen Liebe oder Fehler entdecken?
Will ich Liebe Gebender oder Liebe Suchender sein?
Will ich vergeben oder nachtragend sein?

Bin ich in meiner Kommunikation transparent, klar, wahrhaftig und liebevoll zum anderen, so wie zu mir selbst?

Schon Laotse hat gesagt:

„Wahre Worte sind nicht immer schön.

Schöne Worte sind nicht immer wahr."

Wenn man respektvoll miteinander umgeht, kann man auch wahre Worte ertragen, die nicht so schmeichelhaft sind, aber zur Klarheit, persönlichen Entwicklung und wechselseitigen Bereicherung beitragen. Es ist immer die Frage, wie ich die Worte auf mich wirken lasse:

Verletzend, als persönlichen Angriff oder fördernd, inspirierend und einladend.

Formuliere ich aus einer inneren Anspannung und Verkrampfung oder aus einer Gelassenheit heraus?

Bin ich entspannt, kann mein Gegenüber das Gesagte eher als Impuls zur Entwicklung aufgreifen. Triggert mich etwas und ich bin dadurch emotional aufgeladen bzw. verkrampft, kann ich – nachdem ich einen Moment innegehalten habe - durch meine ehrliche, transparente Kommunikation zur Entspannung im Gesprächskreis beitragen.

Insbesondere die Kunst des Zuhörens ist von elementarer Bedeutung. Wir Menschen neigen gerne dazu, im Moment des Hörens innerlich schon Antworten zu formulieren und sind dadurch abgelenkt. Beim Zuhören geht es aber darum, sich auf den anderen völlig einzulassen, in seine Welt zu tauchen und wirklich zu lauschen, um zu verstehen. Es ist eine große Herausforderung, das Gesagte einfach stehen zu lassen, hineinzufühlen und nicht zu kommentieren. Stille, Alleinsein und Schweigen passen auf den ersten Blick nicht in unseren geschäftigen Alltag. Dabei können sie machtvolle Instrumente der Selbsterfahrung und Veränderung sein. In vielen spirituellen Traditionen etabliert, erkennen zunehmend auch Psychologen und Coaches ihr großes Potenzial.

Stille hat auch auf die uns umgebende Welt einen beruhigenden Effekt. Es geht in dieser schnelllebigen Zeit um

Entschleunigung. Indem wir still werden, laden wir auch andere ein, herunterzuschalten und aufmerksam zu werden. Unsere Ruhe beruhigt auch unsere Mitwelt. So, wie sich im Umkehrschluss Stress in unserem Umfeld auch auf uns selbst übertragen kann.

Die Kunst des ehrlichen, achtsamen, klaren Mitteilens und bewussten, wachen, aufnehmenden Zuhörens:

Für das **Sprechen** gibt es mittlerweile allgemein anerkannte Maßstäbe der Transparenz, die auch in Unternehmen vermittelt werden:

1. Sprich offen und direkt. Sage ehrlich, was dich bewegt, womit du dich unwohl fühlst. Schaue dein Gegenüber direkt an, damit er merkt, dass du ihn meinst. Vermeide Vorwürfe! Nicht werten! Formuliere deine Gefühle als Wunsch, statt als Anspruch oder vorwurfsvoll.

2. „Ich"- Botschaft statt „Man"-, „Wir"- oder „Du" - Botschaften. So bleibst du bei deinen eigenen Gefühlen, übernimmst persönliche Verantwortung und vertrittst nur deine eigene Sichtweise. Verstecke dich nicht hinter anderen oder scheinbaren Naturgesetzlichkeiten.

3. Warte auf deinen inneren, emotionalen Impuls, bevor du sprichst. Damit vermeidest du einen ständigen Redefluss, der zum unreflektierten Plappern führen kann.

4. Bleibe bei konkreten Situationen. Dein Gegenüber versteht so besser, was du meinst. Wenn du Verallgemeinerungen wie "nie" und "immer" oder „schon wieder" verwendest, wird es kompliziert und Gegenbeispiele werden provoziert. Verallgemeinerungen sind Killerphrasen.

5. Sprich konkretes Verhalten an. So vermeidest du es, dein Gegenüber zu beurteilen und auf eine Verhaltensweise dauerhaft festzulegen. Über ein einzelnes Verhalten wird er mit sich reden lassen.

6. Bleibe beim Thema. Ein Thema ist genug. Die Vermischung mit anderen (alten und neuen) Themen verwirrt und erschwert die Lösung der gegenwärtigen Schwierigkeiten.

Wie zeigt sich waches, achtsames und wertschätzendes **Zuhören?**:

1. Zeige deutlich, dass du zuhörst. Wende dich deinem Gegenüber zu und halte wachen Blickkontakt. Du kannst durch Nicken signalisieren, dass du folgst. Tauche ein, in die Welt des anderen und lausche.

2. Fasse zusammen, aber warte, bis der andere dir signalisiert, dass er mit seinen Ausführungen fertig ist. Wiederhole mit eigenen Worten, was dein Gegenüber gesagt hat. So kann er merken, ob alles richtig bei dir angekommen ist, um eventuelle Missverständnisse zu korrigieren. Frage so lange nach, bis du sicher bist, alles genau verstanden zu

haben.

3. Frage offen. Der andere muss so antworten können, wie er will. Vermeide Interpretationen, Unterstellungen und Bewertungen, die nur Gegenwehr hervorrufen.

4. Lobe gutes Gesprächsverhalten. Wenn sich dein Gegenüber an die Regeln hält, kannst du das ruhig erwähnen. Beispiel.: "Es freut mich, dass du das so offen gesagt hast."

5. Sage, wie du seine Worte empfindest. Schildere, wie es dir mit Äußerungen geht, mit denen du nicht einverstanden bist. Du kannst sagen "Ich bin verblüfft, dass du das so siehst." Sage nicht: "Das ist ja völlig falsch".

Wir alle können unseren Verstand lenken auf „positive," potenzialfördernde oder „negative," entwicklungshemmende Gedanken. Was ich denke, fühle ich und umgekehrt. Ich kann Verstimmung, Trauer, Wut, Angst, Hass empfinden. Ich kann aber auch Liebe, Freude und Glück fühlen. Meine jeweiligen Empfindungen treffen ebenfalls auf meine Begegnungen, die zusammen mit der hierdurch beeinflussten Wortwahl dann eine entsprechende Wirkung bei meinen Gesprächspartnern auslösen. Ich habe immer die Wahl und diese Entscheidung hat gleichzeitig Einfluss auf die Außenwelt. Manchmal fällt es uns sicherlich schwer, bewusst auszuwählen, insbesondere wenn wir in einer Endlosschleife herunterziehender Gedanken festhängen. Ich kann das aus eigenem Erleben bestätigen. Die menschliche Psyche ist ein Rätsel. In solchen Krisen sollte man nicht zu stolz sein, um externe professionelle

Hilfe in Anspruch zu nehmen. Wer sich dann noch den vielen „negativen," angstauslösenden Nachrichten der sogenannten Leit-Medien aussetzt und dieses Leid über sich ergehen lässt, hat es umso schwerer, gedanklich umzuschalten.

Selbstverständlich gibt es auch Anlässe, in denen Verstimmung, Trauer, Wut und Angst angemessen und notwendig sein können.

In der Angst verbirgt sich ein Hilferuf, ein versteckter Ruf nach Liebe und Verständnis. Er wird nur falsch verpackt ausgesandt. Für uns Liebende ist es deshalb besonders wichtig, diesen Menschen unser Mitgefühl auszudrücken.

Man sagt, Männer haben Angst, sich zu binden und Frauen haben eher Angst, allein zu bleiben. Beide Ausprägungen von Angst, die letztlich geschlechtsunabhängig sind, verhindern liebevolle, aufrichtige Beziehungen.

Viele Menschen scheitern an der Liebe, weil ihre Angst, sich anderen zu öffnen, größer ist, als die tiefe Sehnsucht nach Nähe und Vertrauen. Die Erinnerungen an schlechte Erfahrungen mit Beziehungen wirken stärker, als die besten Hoffnungen.

Angst und Liebe, Schuldgefühle und Liebe, Scham und Liebe, Hass und Liebe, können zwar nebeneinander existieren, aber nicht gleichzeitig wirken. Entweder sende ich das eine aus oder das andere. Ich kann aber diese unterschiedlichen Schwingungen zu jeder Zeit in die Schwingung der Liebe verwandeln.

Ich bin verantwortlich für das, was ich sehe, wie ich es sehe. Ich wähle die Gefühle, die ich erlebe. Um alles, was mir widerfährt, habe ich (oft unbewusst) gebeten. Und ich empfange, worum ich gebeten habe, auch wenn der zeitliche Zusammenhang für uns nicht immer erkennbar oder bewusst ist.

**Neale Donald Walsch führt im „Dialog mit Gott"
folgendes dazu aus:**

*"...Denn es liegt in der Natur der Menschen, das, was
sie am meisten wertschätzen, erst zu lieben, dann zu
zerstören und dann wieder zu lieben."*

"Aber warum? Warum verhalten wir uns so?"

*"ALLE MENSCHLICHEN HANDLUNGEN gründen
sich auf tiefster Ebene auf zwei Emotionen:*

auf Angst oder auf Liebe.

*In Wahrheit gibt es nur zwei Emotionen - nur zwei
Worte in der Sprache der Seele. Dies sind die beiden
gegensätzlichen Pole der großen Polarität, die ich
zusammen mit dem Universum und der Welt, wie ihr sie
heute kennt, erschuf.*

*….Und das erklärt, warum das menschliche Verhalten
eine Wiederholungserfahrung nach der anderen
produziert. Ständig schwingt das Pendel zwischen
beiden Emotionen hin und her.*

*Liebe stiftet Angst, stiftet Liebe, stiftet Angst...
... Und der Grund dafür findet sich in der ersten Lüge -
jener Lüge, die ihr als die Wahrheit über Gott erachtet -,
dass man in Gott kein Vertrauen setzen kann,- dass auf
Gottes Liebe kein Verlass ist; dass Gott euch nur unter
bestimmten Bedingungen akzeptiert; dass somit letztlich
das Endresultat zweifelhaft ist.*

*Doch wenn ihr wüsstet, wer-ihr-seid - dass ihr die
herrlichsten, bemerkenswertesten und glanzvollsten
Kreaturen seid, die von Gott je erschaffen wurden -,*

würdet ihr euch niemals ängstigen. Denn wer könnte etwas so Wunderbares und Großartiges ablehnen? Nicht einmal Gott könnte an einem solchen Wesen etwas auszusetzen haben.

Aber ihr wisst nicht, wer-ihr-seid, und glaubt, sehr viel weniger zu sein. Und woher habt ihr die Vorstellung, dass ihr sehr viel weniger großartig seid, als ihr seid? Von den einzigen Menschen, deren Wort alles für euch gilt:

Von eurer Mutter und eurem Vater.

Das sind die Menschen, die ihr am meisten liebt. Warum sollten sie euch anlügen? Aber haben sie euch nicht gesagt, dass ihr zu sehr dies und zu wenig das seid? Haben sie euch nicht ermahnt, dass man euch zwar sehen, aber nicht hören soll? Haben sie euch nicht in manchen Momenten eures größten Überschwangs zurechtgewiesen? Und haben sie euch nicht dazu ermuntert, von einigen eurer wildesten und kühnsten Vorstellungen abzulassen?

Das sind die Botschaften, die ihr empfangen habt, und obwohl sie den Kriterien nicht entsprechen und somit keine Botschaften von Gott sind, könnten sie es doch ebensogut sein, denn sie kamen ja von den Göttern eures Universums.
Eure Eltern waren es, die euch lehrten, dass Liebe ihre Bedingungen hat - Bedingungen, die ihr viele Male zu spüren bekommen habt -, und das ist die Erfahrung, die ihr in eure eigenen Liebesbeziehungen hineintragt.

Ihr habt vergessen, wie es war, bedingungslos geliebt zu werden. Ihr erinnert euch nicht an die Erfahrung der Liebe Gottes. Und so versucht ihr, gegründet auf das, was an Liebe ihr in der Welt seht, euch vorzustellen, wie die göttliche Liebe wohl aussehen mag.

Ihr habt die »Elternrolle« auf Gott projiziert und seid so zu einer Vorstellung von einem Gott gelangt, der richtet und belohnt oder bestraft, je nachdem, wie gut er das findet, was ihr da angestellt habt. Aber das ist eine sehr vereinfachte Vorstellung von Gott, die sich auf eure Mythologie gründet. Sie hat nichts mit dem zu tun, was-ich-bin.

Diese auf Angst gegründete Realität der Liebe beherrscht eure Erfahrung von Liebe; tatsächlich wird sie von ihr erschaffen. Denn nicht nur seht ihr euch an Bedingungen geknüpfte Liebe empfangen, ihr seht euch auch sie auf die gleiche Weise geben. Und während ihr euch entzieht und zurückhaltet und eure Bedingungen stellt, weiß doch ein Teil von euch, dass das nicht wirklich Liebe ist. Doch scheint ihr nicht den Willen aufzubringen, etwas daran zu ändern. Ihr habt auf die harte Tour gelernt, sagt ihr euch, und wollt verdammt sein, wenn ihr euch noch einmal verletzlich macht. Die Wahrheit ist, ihr werdet verdammt sein, wenn ihr es nicht tut.

Alle Handlungen menschlicher Wesen gründen sich auf Liebe oder Angst, nicht nur jene, die mit Beziehungen zu tun haben. Entscheidungen, die das Geschäft betreffen, das Wirtschaftsleben, die Politik, die Religion, die Erziehung der jungen Leute, die sozialen Angelegenheiten eurer Nationen, die ökonomischen Ziele eurer Gesellschaft, Beschlüsse hinsichtlich Krieg, Frieden, Angriff, Verteidigung, Aggression, Unterwerfung; Entschlüsse, haben zu wollen oder wegzugeben, zu behalten oder zu teilen, zu vereinen oder zu trennen - jede einzelne frei Wahl, die ihr jemals trefft, entsteht aus einem der beiden möglichen

Gedanken:

aus einem Gedanken der Liebe

oder einem Gedanken der Angst.

Angst ist die Energie, die zusammenzieht, versperrt, einschränkt, wegrennt, sich versteckt, hortet, Schaden zufügt.

Liebe ist die Energie, die sich ausdehnt, sich öffnet, aussendet, bleibt, enthüllt, teilt, heilt.

Jeder Gedanke, jedes Wort oder jede Tat eines Menschen gründen sich auf eine dieser beiden Emotionen. Darin habt ihr keine Wahl, denn es steht euch nichts anderes zur Wahl.

Aber ihr habt freie Wahl, welche der beiden ihr euch aussuchen wollt. "

Nach Walsch besteht demnach die wahre Tragödie der Menschheit im ständigen Kampf, in der ständigen Wahl und notwendigen Entscheidung zwischen Angst und Liebe.

Wer sich seiner Angst mit den vielen Gesichtern nicht bewusst ist, sie nicht anschaut, sich ihr nicht stellt, durchlebt und auflöst, der kann jedoch nicht mehr frei entscheiden oder ist zumindest sehr darin eingeschränkt. Er ist von sich selbst emotional abgetrennt, gespalten und bleibt gefangen in Misstrauen, Gier, Neid, Eifersucht, Gleichgültigkeit, Resignation oder sogar Hass, wodurch er sich noch mehr von der kollektiven Angst im Außen manipulieren lässt. Diejenigen sind im Widerstand mit sich und der Welt, bekämpfen ihre Angst und den inneren Mangel durch Kompensationen in Form von Konsum, Spielen oder oberflächlichem Spaß, Sex und sonstigem

Zeitvertreib. Mittlerweile suchen viele dieser Menschen ihr Heil sogar in der Impfung oder verherrlichen den Krieg, weil man es ihnen eingeredet hat. Doch kann etwas heilbringend sein, was durch Kampf, Erpressung und Ausgrenzung erzwungen wird?

Die Staaten sind nicht nur miteinander im Kampf- und Konkurrenzmodus, sondern nunmehr verstärkt auch noch gegen ihre eigenen Völker. Dieser Kampf, diese ständige Angriffsbereitschaft und die daraus resultierenden Kriege sind angstgesteuert. Bei staatlichen und wirtschaftlichen Machthabern ist es die Angst vor Machtverlust, die sie antreibt und ihnen Kraft gibt. Sie sind Getriebene, wollen alles und jeden kontrollieren sowie beherrschen, um vermeintliche Konkurrenz oder Widersacher auszuschalten.

So gibt es grundsätzlich zwei Auswirkungen der Angst:

Einerseits wird eine Macht- und Vermögensanhäufung angestrebt, aus dem gierigen Angriffsmodus des Ego heraus. Diese Menschen haben ihre eigene Angst so kultiviert, dass sie in der Lage sind, bei anderen Angst auszulösen, um sie zu schwächen, damit sie sich selbst stärker fühlen können.

Andererseits manifestiert sich durch Angst Ohnmacht, hervorgerufen durch den Flucht- sowie den Totstellmodus. Letzteres lässt die Menschen in engen gewohnten Bahnen verhaften, weil sie sich durch ihre Angst selbst ausbremsen. Sie benötigen daher einen hohen Energieaufwand, um gerade noch den Alltag bewältigen zu können. Darüber hinaus lässt dies jedoch keinen oder wenig Raum für ihre Potenzialentfaltung.

Angstvolle Lebewesen sind entweder lethargisch oder in

einer ständigen Ablenkung, Verdrängung und im fortlaufenden Aktionismus, damit sie sich ja nicht mit sich selbst beschäftigen müssen. Diejenigen können nicht oder nur unzureichend Liebe geben, obwohl sie diese schon mal geerntet haben. Sie können nicht vergeben, obwohl ihnen bereits vergeben wurde, weil sie Angst vor erneuten emotionalen Verletzungen haben. Damit können sie auch nicht erlöst werden, weil sie sich noch nicht mal selbst lieben können, sondern aufgrund des emotionalen Mangels höchstens egoistisch, narzisstisch, arrogant und selbstgerecht sind.

Es ist das Ego des Verstandes, welches das wahre lebendige Leben verhindert, den Körper schändet bis hin zu schweren Erkrankungen und zum Tod. Es ist der Verstand, der dem Ego ständig einredet, es müsse sich irgendwie vor Gefahren schützen und deshalb misstrauisch und ängstlich sein.

Der Neocortex ist der evolutionär jüngste Teil der Großhirnrinde und vergrößerte sich im Laufe der Entwicklungsgeschichte so erheblich, dass er sich falten musste, um in den begrenzten Raum der Schädelhöhle zu passen. Er sieht aus, wie der verschlungene Dickdarm. Der menschliche Neokortex ermöglicht höhere kognitive Fähigkeiten wie das Denken, Sozialverhalten oder die Sprache.

Im Verhältnis zu unserem autonomen Nervengeflecht im Körper, mit dem Ausmaß eines Fussballfeldes hat der präfrontale Cortex an der Stirnseite, der für exekutive Aufgaben (Handlungssteuerung, Planung, Problemlösung etc.) verantwortlich ist, lediglich Erbsengröße. Wenn eine angstvolle Situation über uns hereinbricht, wird das gesamte Nervensystem in Alarmbereitschaft versetzt, sodass nur noch der Überlebensreflex in Form von

Angriff, Flucht oder Totstellen funktioniert. Da hat ein erbsengroßer Denkapparat keine Chance mehr, was sich auch auf das Sozialverhalten auswirkt.

In freier Wildnis lässt sich gut beobachten, dass ein Tier, welches seinem Angreifer entkommen ist, hinterher zittert. Das ist das sogenannte neurogene Zittern, das nicht willentlich steuerbar ist und dafür sorgt, dass das Nervensystem wieder ins Gleichgewicht gebracht wird. Wir Menschen kennen dieses Phänomen beispielsweise bei einem Autounfall, nachdem wir ausgestiegen sind, uns kaum auf den Beinen halten können und am ganzen Körper zittern. Wenn wir unter einem Dauerbeschuss verbaler angstauslösender Informationen stehen, merken wir in aller Regel nicht mehr bewusst, was in unserem Körper geschieht. Wir befinden uns trotzdem mehr oder weniger in einem dauerhaften Überlebensmodus, mit einer kontinuierlichen Alarmbereitschaft. Das Zittern unterbleibt allerdings, sodass das Nervensystem im Ungleichgewicht bleibt. Unser Denkvermögen und das Sozialverhalten sind dadurch über einen längeren Zeitraum erheblich eingeschränkt. Deshalb verhalten sich viele so, als wären sie hypnotisiert und als ob jeder andersdenkende Mensch eine Gefahr wäre.

Von außen sind angstvolle Menschen leicht erkennbar. Sagen wir jedoch so jemandem, dass er Angst hat, wird er es oftmals bestreiten, weil es ihm selbst nicht bewusst ist oder ihm peinlich ist. Ich habe eine neue Übungstechnik kennengelernt, bei der man durch das körperliche Überlastungszittern ein neurogenes Zittern auslösen kann, um das Nervensystem wieder zu stabilisieren. Nähere Informationen gibt es unter TRE-Provider. Auch Klopftechniken können helfen.

Nach neuester Traumaforschung lösen nicht nur plötzliche

gefährliche Ereignisse und Gewalt Traumata aus, sondern bereits jede wiederholte verbale Zurückweisung, insbesondere in der Kindheit. Als Kind sind wir nämlich nicht in der Lage, solche Situationen kognitiv zu verarbeiten. Wir leben daher im Grunde alle in einer traumatisierten Welt. Deshalb brauchen wir uns nicht wundern, dass es ständig Streit, Konflikte und Kriege gibt.

Die wahre Liebe können wir nur in der geistigen Anbindung an die universelle Quelle finden und spüren. Es ist die Quelle des Lichts, der Schöpfung und der universellen Liebe, die nie versiegt und uns nährt, sobald wir uns für sie öffnen. Von dieser unerschöpflichen Quelle können wir ständig nehmen, denn wir werden von der Liebe getragen. Und wenn wir sie in uns fließen und hindurchfließen lassen, statt zu horten, können wir ständig Liebe geben, ohne darauf bedacht zu sein, ob sie auch wieder von denjenigen zurückkommt, denen wir sie geschenkt haben. Sie kommt garantiert zurück, manchmal auf verschlungenen Wegen, wenn wir es nicht erwarten. Wir können jedoch nur Liebe empfangen, wenn wir emotional nicht blockiert sind, nicht an emotionalen Verletzungen festhalten, nicht unser Herz verschließen, sondern uns aus unserem eigenen Gefängnis befreien.

Für mich ist es ein Wunder, seine eigene menschliche Wahrnehmung von Angst nach Liebe wandeln zu können. Das erfordert großen Mut! Denn in unserer Welt herrscht leider immer noch überwiegend von Menschen gelebte Angst. Sie wirkt obendrein ansteckend und bildet erschreckende Gemeinschaften, wie während der Corona-Maßnahmen, weil von Machthabern sowie Medien ständig diese Panik geschürt wird. Dies ist die Ursache für so viel Leid, Neid, Eifersucht, Zwietracht, Gewalt und Kriege. Der Teufelskreis wird erst durchbrochen, wenn sich die

Menschen dieser Manipulation entziehen. Ich bin immer noch fassungslos und bestürzt darüber, dass eine große Masse mittlerweile seit über 3 Jahren eine unheilvolle Gemeinschaft in Angst aufrecht erhält, statt endlich in heilender und befreiender Liebe zusammenzukommen.

Nicht in diesem (selbst)zerstörerischen Strom zu schwimmen, sich von der plappernden, opportunistischen Masse in Frieden abzusetzen, ist sehr mutig und erfordert darüber hinaus ein hohes Bewusstsein, viel Kraft, Zuversicht und Ausdauer. Es bedeutet gleichzeitig, mit Geduld sowie einem langen Atem die Entscheidungen dieser Menschen aus ihrer Angst mitfühlend zu akzeptieren, in der Gewissheit, dass insgesamt alles seinen Sinn hat und deshalb gut wird.

Je mehr Menschen sich letztlich für die Liebe entscheiden, desto größer wird dieser neue verbindende, warme, liebevolle Strom, wodurch irgendwann der trennende, kalte, attackierende Fluss der Angst versiegen kann und wird. Immer dann, wenn wir nicht kraftvoll genug sind, haben wir den Hang zu verzagen und das Gefühl, allein zu sein. Aber wir sind nicht allein. Das nehme ich zunehmend und immer klarer wahr. Es ist einfach wunderschön, mit anzusehen und zu spüren, wie in einer neuen Gemeinschaft von Seelenverwandten nunmehr der liebende Strom stärker wächst. Die Schwarmintelligenz, die dabei durch verbindende Intuitionen entsteht, eröffnet so einen großen Raum für eine gemeinsame Potenzialentfaltung und schenkt uns ein Reichtum an Kreativität sowie neuen Ideen. Das erlebe ich jeden Tag aufs Neue in meiner Community der persönlichen, realen Begegnungen. Wir sind Viele!

Angst und Liebe werden zumeist als Gegenpole oder Gegenspieler wahrgenommen. In Wirklichkeit sind es nur zwei Seiten einer Medaille. Denn alles ist aus Liebe gemacht. Deshalb gibt es folgerichtig nach meiner Wahrnehmung nur die EINE LIEBE. Alles andere ergibt sich aus unseren menschlichen Emotionen, dem trennenden Denken und den entsprechenden Aktionen sowie Reaktionen.

Die Liebe ist als Quelle und Energiefeld trotzdem immer da, auch wenn wir Angst, Neid, Eifersucht, Wut etc. empfinden. Sie kann nur nicht wirken, sich nicht entfalten, weil der Liebeskanal verstopft ist. Es verhält sich so, wie wenn wir den Wasserhahn zudrehen. Das Wasser ist immer noch in der Leitung. Es kann halt nur nicht fließen.

Alles, was aus meiner Sicht zu tun ist, ist sich unseren Emotionen mit den ausgelösten Schmerzen zu stellen, diese offen und ehrlich anzuschauen, indem wir unsere Verletzungen und Kränkungen ursächlich bearbeiten, um sie dann aufzulösen. Dann kann die Liebe wieder ungehindert fließen.

Ich sehe die übergeordneten Zusammenhänge zwischen Angst und Liebe differenzierter als Neale Donald Walsch. Unumstritten und für die meisten nachvollziehbar ist, dass die Angst in unserem Leben leider einen sehr großen Raum einnimmt und wenn sie dies tut, ist die Liebe im Ruhemodus oder überlagert und gefangen. Angst schwingt auch immer dann mit, wenn wir nicht in der Lage sind, **bedingungslos** zu lieben. Sobald wir Zweifel an der Liebe zulassen, gewinnt die Angst an Macht.

Allerdings halte ich es für eine sehr vereinfachte Aussage, Menschen würden nur zwischen zwei Emotionen, nämlich Angst und Liebe schwanken. Die Trauer kann ein Ausdruck von Angst sein, wenn ich in ihr stecken bleibe, aber der „normale" Trauerprozess findet statt, nachdem ich jemanden verloren habe bzw. verlassen wurde. Eine Angst im Sinne von Walsch kann demnach nur vor dem Verlust vorhanden gewesen sein. Allenfalls könnte innerhalb der Trauer die Angst vor einer drohenden Einsamkeit in der Zukunft versteckt sein. Aber dies ist nur ein Aspekt der Trauer.

Auch die Wut bzw. der Zorn ist nach meinem Empfinden nicht unbedingt zwingend an Angst geknüpft. Es gibt beispielsweise den heiligen Zorn, der in der Bibel beschrieben wird, als Jesus die Geldwechsler aus dem Tempel vertrieb (Johannesevangelium, Kapitel 2, Vers 13-25). Dieser Zorn brennt für Gott und Gerechtigkeit auf Erden und benennt das Unrecht. Er benennt auch die Täter, richtet sich aber nicht gegen Menschen.

Und der Hass? Könnte das nicht auch eine pervertierte Form von Liebe sein, eine verzweifelte und extreme Suche nach Anerkennung, weil man nicht liebesfähig ist?

Zumindest ist eines klar:

In Momenten, in denen Angst, Wut, Eifersucht, Neid, Hass etc. herrschen, ist die Liebe zu schwach. Sie kann daher nicht hinreichend wirken. Und wenn wir nicht in Liebe sind, dann bekommen die genannten Gefühle den Raum, um energetisch trennend zu wirken. Immer wenn ich an der Liebe zweifele, mache ich die einengenden, begrenzenden sowie destruktiven Gefühle und Gedanken stark.

Wahre Liebe ist letztlich ein Zustand von vollkommener Entspanntheit und Vertrauen mit allem was ist. Sie umschließt auch die Angst, denn sie gehört in einem gesunden Maße ebenfalls zum Leben. Und aus diesem

Seins-Zustand entspringen Qualitäten wie Gelassenheit, Vertrauen, Frieden, Freiheit, Güte, Wohlwollen, Positivität und Glück.

Genau dies ist das Paradies, das Himmelreich,

von dem die Bibel schreibt.

Die krankhafte, irrationale Angst hingegen entspricht der Hölle.

Und wer in der Hölle sitzt, hat offenbar das Verlangen, andere auch dort hinein zu ziehen. Die Kunst ist, dieser Versuchung zu widerstehen.

Man kann diese unterschiedlichen Zustände sogar biologisch an der Größe des menschlichen Herzens messen. Das Organ ist geweitet und größer, wenn die Liebe fließt, andererseits verkrampfter, enger und kleiner, wenn Angst und Stress vorherrschen. Nun wird auch klarer, wer für einen Herzinfarkt oder Schlaganfall gefährdet ist.

Angst ist aus biologischer und evolutionärer Sicht grundsätzlich eine (notwendige) Stressreaktion, wenn es um das Überleben geht. Diese Form wird zutreffender als Furcht bezeichnet, weil sie objekt- bzw. subjektbezogen ist und somit vor einer realen Gefahr warnt. Die ursprünglichste Reaktion ist die Kampf-Flucht-Reaktion: die prähistorischen Hirn-Regionen reagieren auf direkte Bedrohung mit Kampf, Flucht oder Totstellen und lösen auch entsprechende Mechanismen im Körper aus. Will das Individuum überleben, ist eine sekundenschnelle Reaktion erforderlich. Längeres Nachdenken kann den Tod bedeuten. Je weniger natürliche Feinde im Laufe der Entwicklungsgeschichte zur Bedrohung wurden, um so mehr lernte der Mensch den Verstand zu gebrauchen, um „intelligente" Lösungen zu entwickeln. Hier wird ein anderer

Gehirnbereich aktiv, der Neokortex. Geblieben ist die im Kleinhirn verankerte Wurzel aller Ängste, nämlich die Todesangst, die sich in vielfältigen Formen immer wieder zeigt, auch wenn keine lebensbedrohlichen Situationen bestehen. Leider kann der Verstand, angesiedelt im Neokortex, mit seinen Gedanken Ängste konstruieren, die nicht real existieren.

Das Gefühl für die Angst erlernt der Verstand durch eine gedankliche Verbindung zwischen einem Stimulus oder einer Situation und einem zeitnah auftretenden Stressfaktor wie etwa physische Bedrohung. Die Verknüpfung hinterlässt eine tiefe Spur im neuronalen Netzwerk, die noch Jahre später bestehen bleiben kann. Sie verursacht tiefgreifende strukturelle und funktionelle Veränderungen im Gehirn. Im ungünstigsten Fall kann sich diese normale, schützende Hirnfunktion zu posttraumatischem Stress oder anderen Angststörungen weiterentwickeln. Jeder neue Kontakt mit diesem konditionierten Reiz führt dazu, dass die Erinnerung erneut abgerufen wird. Sowohl das Erlernen als auch das Wiederabrufen der Angst aus dem Gedächtnis lösen eine Alarmreaktion aus. Es ist zudem mit körperlichen Reaktionen verbunden, wie Schwitzen, Zittern oder rasender Puls.

Die Wirtschaft spricht bewusst bestimmte Ängste im Menschen an und bietet gleichzeitig Lösungen in Form von Konsumgütern. Letztlich macht uns dies abhängig und hält uns in einer Schein-Wirklichkeit fest. Auch die Medien halten uns mit ihren Horrormeldungen in der irrationalen Angst gefangen, wenn es uns nicht bewusst ist oder wir es zulassen.

Die neueste – der Gegenwart angepasste – Umgangsform mit Angst ist, sich nicht mehr mit ihr zu identifizieren, und ihr damit die Macht über uns zu nehmen. Dadurch findet eine Entmystifizierung statt. Hierzu aktivieren wir den vorderen (präfrontalen) Gehirnbereich. Meditation kann gut dabei helfen. Diese „Technik" beginnen wir seit geraumer Zeit gerade wieder neu zu erlernen und sind damit in der westlichen Welt insgesamt noch ziemlich am Anfang. Auch abgewandelte Formen von Meditationen und Energiearbeit, wie Theta Healing, bei der man sich auf die siebte (göttliche) Ebene begibt, wirken als Therapie heilend.

Unglücklicherweise erschaffen wir unsere eigene Realität und die daraus resultierenden Handlungen noch immer sehr stark aus den Angst-Mustern heraus. Verstand oder Emotionen sind selten präsent in der Gegenwart, sondern beziehen sich ständig auf Vergangenes (etwa vergangene emotionale Verletzungen bzw. Kränkungen, die im Kopf immer wieder rotieren), was dann auf die Zukunft projiziert wird. Wir sind dadurch nicht im "Jetzt", sondern in der Vergangenheit oder in der befürchteten bzw. erhofften Zukunft. Damit fallen wir aus der Realität der Gegenwart heraus. Wir sehen überall Bedrohungen wo gar keine sind – und reagieren auf diese Phantome. Oder wir verlieren uns in „falschen" Hoffnungen und Wünschen. Und das erzeugt dann Leiden.

Angst ist also ein innerer Stress-Zustand von Angespanntheit und Enge, aus dem dann Qualitäten bzw. Verhaltensweisen wie Kontrolle, Perfektionismus, Misstrauen, Furcht etc. entspringen. Eine weitere Folge unbewältigter Angst ist Aggression, die sich entweder nach außen oder gegen sich selbst richten kann. Sie verstärkt den Stress und das menschliche Gegeneinander.

Die Erscheinungsformen der Angst bieten ein breites Spektrum und reichen von einfachen „Unsicherheiten" (Beklommenheit, Scheu, Scham, Zaghaftigkeit) über die

„Zwänge" (Esszwang, Kontrollzwang, Reinigungszwang etc.), die „Furchtformen" (Verletzungsfurcht, Versagensfurcht, Berührungsfurcht etc.), die „Phobien" (Akrophobie, Agoraphobie, Klaustrophobie etc.), die „Paniken" (Angstanfall, Schockstarre, Katastrophenlähmung etc.) bis zu den „Psychosen" (Neurotische Ängste, Verfolgungswahn, Lebensangst).

Diese unterschiedlichen Ausprägungen von Angst haben vielfältige Ursachen, die es zu ergründen und aufzulösen gilt. Sie können aus der Kindheit stammen, aus sonstigen traumatischen Erlebnissen, aus der Ahnenreihe oder aus einem eigenen früheren Leben. Für diejenigen, die nicht an Reinkarnation glauben, lassen sich Ängste, die nichts mit dem jetzigen Leben zu tun haben, auch biologisch erklären. Unsere Zellen tragen nämlich sämtliche Informationen vergangener Generationen in sich und haben mit unserer Geburt dadurch entsprechende Nachwirkung.

Buddha benennt im Zusammenhang mit Angst auch die „Unwissenheit", d.h. eine fehlende Einsicht in die höheren Ordnungen und Gesetze, denen alles unterliegt und folgt. Aus dieser Unwissenheit heraus, d.h. aus einer begrenzten Sicht der Dinge, denkt, fühlt und handelt der Mensch in gewisser Weise „begrenzt".

Alles Denken, Fühlen und Handeln aus Motiven der Angst zieht Komplikationen nach sich, was wiederum die Angst verstärkt. So gerät man dann in eine „Negativspirale".

Angst wirkt trennend und ausgrenzend. Sie führt zur Abspaltung von sich selbst sowie von der Ganzheitlichkeit (geistige Einheit), zieht zusammen und hält gefangen in begrenztem Denken sowie Fühlen. Da wir Schöpfer unserer Realität sind, erschaffen wir uns – wenn wir allzu ängstlich sind – durch einen Tunnelblick unbewusst eine enge, begrenzte Welt, die wenig Licht und Freude zulassen kann. Es ist die Welt von Feindbildern, des Opferdaseins sowie einer Feindschaft mit sich selbst.

Liebe hingegen wirkt verbindend, öffnet und weitet aus. Sie will zurück führen zur Einheit von allem was ist, aus ihr kommt das zweifelsfreie "Ja" zum Leben.

Sie ist die Kraft, die alles umschließt, das so genannte Negative und Positive. Alles darf in ihr sein, auch die Angst, welche ihren Schrecken verliert, wenn sie gesehen, durchlebt und angenommen wird, um sie danach in Liebe gehen zu lassen. Nichts ist in dem Sinne „schlecht". Das ist die echte, bedingungslose und ganzheitliche Liebe, die aus unserer inneren Mitte (Balance) heraus das Pendel nicht mehr ausschlagen lässt und damit in ihrer Vollkommenheit allumfassend integrierend wirkt.

Die Liebe hat gleichzeitig die Funktion eines „Gegenspielers" der Angst und kann diese auflösen, lockern oder aufweichen, wenn wir sie frei fließen lassen. Dies geschieht nicht durch Bekämpfen oder Verdrängen. Wer sich hingegen seine Angst selbst eingesteht, zeigt Stärke. Es ist der erste Schritt zur liebevollen Annahme und zum Durchleben der Emotion.

Angst verkörpert Dunkelheit. Liebe ist Licht. Je mehr wir als Schöpfer das Licht in uns mehren, umso mehr Liebe (und Gesundheit) wird auch in unserem äußeren Leben sein. Wir ziehen das Lichtvolle dann in unser Leben, was sich gleichermaßen in den Beziehungen und Begegnungen auswirkt. Liebe besänftigt, ermutigt, gibt Kraft und Vertrauen.

Erforsche deine tiefsten Ängste, durchfühle und verwandle (transformiere) sie durch deine Liebe. Bewältigte und angenommene Ängste sind die Brücken zu deiner Freiheit, deiner Freude und zu deinem inneren Frieden.

Unsere tiefsten Ängste sind:

- die Angst, allein zu bleiben oder verlassen zu werden.
- die Angst, das zu verlieren, was wir glauben zu besitzen. Materielles und Menschen
- die Angst, krank zu werden
- die Angst, verurteilt oder von anderen ausgeschlossen zu werden
- die Angst zu versagen oder zu scheitern
- die Angst zu sterben

Je mehr wir uns nach Sicherheiten im Außen sehnen und etwas kontrollieren wollen, desto tiefer müssen die Ängste in uns sitzen. Je größer die Angst vor etwas ist, desto eher muss das eintreten, vor dem wir Angst haben (Resonanzprinzip). Jede unserer Ängste wartet darauf, dass du sie bewusst anschaust, anstatt dich von ihr abzulenken oder sie zu betäuben. Wenn es in dir denkt „Ich möchte das nicht mehr erleben", dann wartet in dir etwas auf Klärung, Heilung und Befreiung.

Bist du bereit für diese Klärung, dann bedeutet dies, Unbewusstes bewusst zu machen. Das bringt innere Klarheit. Dazu gibt es vielfältige Möglichkeiten und Hilfsangebote. Wie bereits erwähnt, bieten sich hierfür Meditationen, Heilgespräche, Familienaufstellungen, Theta-Healing, Quantenheilung, Emotioncode oder andere Therapieformen an.

Du kannst dich jederzeit entscheiden. Es ist nie zu spät für eine Neuausrichtung deines gereiften Bewusstseins, das zum Wachstum deiner Einsicht sowie deiner Erkenntnisse beiträgt. Und du darfst dir dabei helfen lassen.

Willst du warten, bis es noch schlimmer kommt oder lieber einen Wandel einleiten, hin zu Frieden, Freiheit und Glück?

Vielleicht ist es aber bei dir auch noch nicht soweit. Auch das ist in Ordnung, denn

DIE ZEIT DER GURUS IST VORBEI, WELCHE ERKLÄREN, WIE UND WANN ETWAS ZU TUN IST!!!

Jetzt geht es eher darum, als liebevolles Vorbild den Raum zur Selbsterfahrung zu schaffen und zu halten, damit die Menschen in ihrem jeweiligen Tempo zur Selbstermächtigung und Selbstwirksamkeit kommen können. Dabei gibt es kein "Besser" oder "Schlechter."

Vielmehr braucht es die liebevolle Begleitung im nachfolgend beschriebenen Sinne für den individuellen Heilungsprozess.

„WIE MAN HILFT"

<<Vielleicht ist es an der Zeit den Versuch aufzugeben, andere „verbessern" zu wollen, den Versuch aufzugeben, ihnen Antworten zu geben oder ihre Probleme zu lösen. Du bist nicht sehr gut darin, mein Freund. Deine Natur ist nicht Manipulation, sondern Gegenwärtigkeit; nicht Trennung, sondern Ganzheit.

Vielleicht ist es an der Zeit, nicht mehr so zu tun, als wärst du eine allwissende Autorität, der unfehlbare Lehrer, der geheilte Experte. Selbst mit der besten Absicht magst du unwissentlich in ihren natürlichen Heilungsprozess eingreifen. Du magst sie abhängig von dir halten, sie ablenken von einem tiefen Vertrauen in

135

ihre ureigenste Erfahrung.

Erinnere dich daran, vielleicht muss es ihnen schlechter gehen, bevor es ihnen besser gehen kann. Vielleicht müssen sie ihren Schmerz noch stärker fühlen, bevor sie sich der wahren Quelle der Heilung öffnen können. Vielleicht müssen sie in den, für den sie sich gehalten haben, hineinsterben, bevor sie wirklich leben können. Wahr für sie, wahr für dich.

Auf jeden Fall sollte dies in Betracht gezogen werden.

Also, entspanne dich. Atme. Komme heraus aus dem Drama. Erkenne deine Sehnsucht an, sie zu verändern, zu verbessern oder auch nur zu beruhigen. Und jetzt, höre einfach zu, ohne Beurteilungen, und versuche zu verstehen, wo sie sich befinden. Versetze dich in sie hinein. Sieh deutlich, wer und was vor dir steht.

Vielleicht ist die größte Hilfe, die du genau jetzt anbieten kannst, deine Klarheit und bewertungsfreie Aufmerksamkeit – dein natürliches Mitgefühl. Strahle das aus; sei diese Gegenwärtigkeit, biete diese Offenheit an. Bleibe weit geöffnet für Lösungen, die noch nicht geboren wurden. Vertraue diesem eigenartigen Prozess. Sei diese stille Absicht – und die richtigen Worte, Taten, Interventionen, Entscheidungen, werden ohne Anstrengungen geschehen.

Weihe ihren Moment, indem du nicht davonrennst. Spiegle ihre eigene Fähigkeit, präsent zu sein. Vertraue dem uralten Mysterium der Heilung.>>

(Jeff Foster)

Sei gnädig und geduldig mit dir sowie deinen Mitmenschen und segne voller Demut alles, was ist.

Du bist, was du denkst und glaubst

„Glaubt den Schriften nicht,
glaubt den Lehrern nicht, glaubt auch mir nicht.
Glaubt nur das, was ihr selbst sorgfältig geprüft und als
euch selbst und zum Wohle dienend anerkannt habt."

(Buddha)

„Wahr ist an einer Geschichte immer nur das,
was der Zuhörer glaubt."

(Hermann Hesse)

Wir glauben in dieser hochtechnisierten, digitalen Welt
kollektiv immer mehr, dass eine Anhäufung von Wissen
und der Ausbau künstlicher Intelligenz zur Weiterentwicklung und Glückseligkeit führt. Je älter ich allerdings
werde, desto eher komme ich jedoch zu der Erkenntnis,
zu wissen, dass wir im Grunde nichts wissen. Denn
solange wir die großen Zusammenhänge vom Universum
und vom Leben mit dem Verstand begreifen wollen,
stoßen wir an immer neue Grenzen. Möglicherweise machen andere Menschen ähnliche Erfahrungen, wie ich.

Zumindest zeigt es sich für etliche (auch junge) Menschen, dass es nicht auf das Wissen ankommt, welches von außen auf uns einströmt, sondern auf das geistige Wissen und damit die göttliche Weisheit in uns, die fühlbar wird, wenn wir den energetischen Raum dafür öffnen.

Durch die digitalen Medien werden wir überschüttet mit Informationen, deren Wahrheitsgehalt nicht immer bzw. immer schwerer überprüfbar ist. Vorsicht ist auch geboten, vor sogenannten Faktencheckern, die sich oftmals als manipulierende Fakes herausstellen. Lügen werden gerne mit dramatischen Bildern untermauert und als Wahrheit verkauft. Gerade Fotos lassen sich mit digitaler Technik so leicht fälschen. Doch das Auge lässt sich gerne täuschen, noch mehr, als die Ohren durch Worte. Wir sind heutzutage, anders, als zu Hermann Hesses Zeiten, einer visuellen Reizüberflutung ausgesetzt, die uns innerlich abschalten lässt und somit die Wahrnehmung trübt. Die Welt wurde schon immer von Machthabern belogen, aber ich glaube, dass wir auch diesbezüglich mittlerweile einen dramatischen Höhepunkt erreicht haben.

Unsere Gedanken bilden das ab, was wir innerhalb unseres Lebens an Informationen bewusst und insbesondere unbewusst aufnehmen. Werden die Informationen gut verpackt und von Menschen verkündet, die wir für vertrauenswürdig und seriös halten, speichern wir sie sehr schnell als Wahrheit in unserem Gehirn ab. Eine perfide Strategie ist, Lügen so oft zu wiederholen, bis sie das Gehirn letztlich als Wahrheiten interpretiert. Eine Gleichschaltung der Medienkanäle unterstützt diese Manipulation auf hervorragende Weise. Sicherlich spielt in dieser schnelllebigen Zeit, bei der es um Quoten und Profit geht, auch eine Rolle, dass Journalisten ungeprüft die Agenturmeldungen übernehmen, um nicht ins Hintertreffen zu geraten. So verbreiten sich Falschmeldungen in Windeseile. Investigativer Journalismus ist quasi von der Bildfläche verschwunden.

Deine Gedanken sind deshalb nicht nur deine, sondern ein Sammelsurium vieler fremder Gedanken. Deine Überzeugung entsteht somit aus einer Mixtur von eigenen und fremden Gedanken sowie Glaubenssätzen, Regeln, moralischen Werten, Ideologien, Dogmen etc. aus Religion, Kultur und Gesellschaft. Sie resultieren außerdem aus eigenem und fremdem Glauben. Daraus entstehen dann eventuell auch Denkschablonen, die zum Abgleich auf jede neue Situation prüfend gelegt werden. Sofern die Schablone nicht passt, wird das Gesehene, Gehörte oder Erlebte abgelehnt bzw. es erscheint zweifelhaft.

Manchmal, vielleicht sogar meistens, lässt es sich gar nicht klar erkennen, ob bestimmte Glaubenssätze aus eigener Überzeugung stammen oder übernommen wurden. Glaubensmuster werden von Generation zu Generation weitergegeben und insbesondere in den ersten Lebensjahren unserer Erziehung unreflektiert als eigene Wahrheit verinnerlicht und deshalb nicht mehr hinterfragt.

Jedenfalls sind deine Gedanken vom Glauben gefärbt und begrenzen diese auch. Was du glaubst, formt deine Gedanken, die sich mit deinen Gefühlen vermischen, deine Worte beeinflussen und diese wiederum deine Taten sowie Verhaltensweisen.

Kraftvoll Glauben heißt überzeugt sein, ohne jeden Zweifel. Das ist dann der Fall, wenn du fühlst, was du glaubst. Gelingt etwas nicht, dann war der Zweifel stärker und der Glaube konnte sich nicht manifestieren, weil es letztlich nur eine vage Hoffnung war. Es kann auch sein, dass wir nur glauben zu fühlen und der Verstand uns einredet, wir würden etwas fühlen. Fühlen gelingt am besten in der Stille und wenn wir uns nicht mit den aufkommenden Gedanken identifizieren.

Unser Lebensweg gestaltet sich also aus unseren Überzeugungen. Sind Zweifel dabei hinderlich oder können sie auch neue, glücklichere Wege eröffnen? Du wirst es herausfinden, wenn du öfter auf dein Herz, deine innere Stimme oder Intuition hörst.

Die Arten von Glaubensmustern, denen wir ausgesetzt werden, sind in der heutigen Gesellschaft sehr vielfältig und beschränken sich nicht nur auf den originären Bereich der Religion. In unserer abendländischen Kultur ist der Glaube sehr stark mit Schuld und Sühne verbunden. Das Schuldprinzip ist zudem tief verankert durch das bis heute angewandte römische Recht. Es spiegelt sich in Verträgen, Gesetzen und in Urteilen der Gerichtsbarkeit wider. Ja sogar bei unserem Geldsystem geht es immer darum, Schulden zu begleichen.

Deshalb funktionieren auch Ideologien in der Regel gut, weil sie an das Gewissen appellieren und bei Nichtbeachtung Schuldgefühle auslösen, die darüber hinaus mit Strafen verbunden sind.

Wir leben heute in einer sogenannten Wissens- und Informationsgesellschaft, in der sich die In-form-ationen zwar exponentiell vervielfachen, aber jeweils in Form gebracht werden und daher subjektiv sind. Wenn Buddha zu Recht fordert: „Glaubt nur das, was ihr selbst sorgfältig geprüft habt", dann scheitert dies allein schon daran, dass ein einzelner Mensch niemals den Wahrheitsgehalt dieser Fülle von angehäuftem Wissen prüfen kann. So haben sich in unserer Gesellschaft Heerscharen von Spezialisten herausgebildet, denen wir im Prinzip glauben müssen, weil die meisten Menschen weder die Zeit noch die Lust oder Kompetenz haben, sich selbst mit diesen unzähligen Informationen auseinanderzusetzen. Damit geben wir zwangsläufig die Verantwortung für unser Handeln ab. Dadurch betreten wir jedoch in unserem Leben ständig irgendwelche Glaubenstempel, ohne dass es uns bewusst ist. Somit werden diejenigen manipulierbarer, die sich nur auf ihren Verstand und das Internet verlassen, trotz des - objektiv betrachtet - ständig steigenden, für alle verfügbaren Wissens. Das ist eine paradoxe Situation. Was von gutbezahlten, stigmatisierenden Mainstream-Experten zu halten ist, haben wir alle in der Corona-Zeit erlebt und viele, die ihnen geglaubt haben, müssen nun die leidvollen Folgen spüren. Dasselbe gilt beispielsweise für die Kriegs- und verfälschten Geschichtserzählungen.

Ehrbare und wahrhaftige Experten bieten hingegen gerne freiwillig den nötigen Raum für weitere Experten mit abweichenden Auffassungen und Studien. Sie treten in einen lösungsorientierten Diskurs ein. Konstruktives Denken erfordert einerseits die Fähigkeit zu differenzieren, Sachverhalte in einen anderen Kontext übertragen zu können und andererseits größere Zusammenhänge zu erkennen, um sie akzeptieren und integrieren zu können. Diese Form des Diskurses wird jedoch von den Machthabern gezielt und gewaltvoll unterdrückt. Außerdem trainieren digitale Medien eigenständiges Denken ab.

Ich beobachte seit geraumer Zeit eine ausgeprägte Google -Gläubigkeit. Insbesondere die junge Generation schenkt dieser Suchmaschine mehr Glauben, als einem lebenserfahrenen Menschen mit seinem erlebten Wissen in einem persönlichen Austausch. Andererseits halten sie es nicht für notwendig, diese anonyme Informationssammlung im

Netz auf ihren Wahrheitsgehalt hin zu prüfen. Das ist fatal, denn niemand weiß, wie und durch wen diese Sammlung zustande kommt. Nachweislich sind bereits kritische Personen bei Google als „rechtsradikal" abgestempelt, obwohl sie weder „Rechts", noch „Radikal" sind. Deshalb ist es aus meiner Sicht um so wichtiger, seinem eigenen Bauchgefühl zu folgen, das allerdings durch unsere Prägungen sozusagen „verschmutzt" ist. Für Klarheit sorgt hier intensive Bewusstseinsarbeit mit innerer Einkehr und Verbindung zur geistigen Welt, um den angesammelten Müll zu entsorgen. Wichtig ist auch der persönliche Kontakt zu Menschen, die angefeindet werden.

Etliche Menschen sind in vielerlei Hinsicht so leichtgläubig geworden und dort, wo Glaube durch geistige Anbindung an die höhere Quelle angebracht wäre, weil es einem sinnerfüllten Leben dient, glauben sie nicht mehr.

Und hier kommen nun die Vermischungen unserer Gefühle mit entsprechenden Glaubensmustern und alten Programmierungen ins Spiel, die oftmals so viel Verwirrungen, Verstrickungen und Angst stiften. Wer kennt sie nicht, die Schuld- und Schamgefühle, die uns ein Leben lang plagen können und unser Handeln lenken bzw. einschränken.

Es gibt zwar für Christen das Ritual der persönlichen Beichte vor dem Priester und die Möglichkeit „finanzieller" Abgeltung bei den Katholiken, das der vordergründigen Befreiung dient. Man hat auch den Eindruck, als seien Menschen in katholischen Ländern, insbesondere in Südamerika, lebenslustiger.

Doch letztlich werden die Gläubigen in der institutionellen Spirale einer verschrobenen Tradition gefangen gehalten, weil die Kirche bestimmt, was „Sünde" ist und was nicht. Wahre Liebe hingegen kennt keine Sünde, denn wer wahrhaftig liebt, sündigt nicht.

Für mich stellt sich ebenfalls die Frage, ob die Beichte als „Freibrief" nicht unbewusst dazu verführt, unachtsamer und oberflächlicher miteinander umzugehen, wodurch man nicht an die tiefe Liebe herankommt. Nicht von ungefähr hat die Gesellschaft in diesem Zusammenhang den Begriff der „Scheinheiligkeit" geprägt.

Aber es gibt noch etliche weitere Gefühle, die zusammen mit unserem Glauben unsere Gedanken beeinflussen. Das Gefühl, das uns am meisten begrenzt, lähmt sowie erstarren lässt und damit die meisten Fehlentscheidungen auslöst, ist die Angst.

Fatal wird es, wenn mithilfe von Propaganda der Machthaber und Medien eine regelrechte Gehirnwäsche durch bewusste Panikmache erfolgt. Das Narrativ eines Killervirus namens C. hat die Menschen glauben lassen, dass von diesem Virus eine Gefahr wie bei der Pest ausgeht. Dieser Fremdglaube wurde bei vielen zu ihrer eigenen inneren Überzeugung, weil das gesellschaftlich aufgebaute Angstszenario die Wirkung erzielte, dies unbewusst als ihre eigene Angst zu verinnerlichen. Das führte zu Blockaden, wodurch nichts mehr hinterfragt wurde und offenbar der Ruf ihrer inneren Stimme der Seele ungehört blieb. Die Verstärkung der lähmenden Spirale erfolgt außerdem über die Rückkopplung im Kollektiv durch die unheilvolle Gemeinschaft der Angst, welche gleichsam als Schutz und Solidarität empfunden wird.

Gier, Eifersucht, Neid, Hass und Minderwertigkeitsgefühle engen unser Tun ebenfalls ein und machen uns einsam, weil diese eine trennende Wirkung haben. Hass ist übrigens nach meiner Einschätzung eine äußerst radikale Form einer Schuldzuweisung aus tiefstem Mangel an Liebe.

Gefühle oder Erlebnisse beeinflussen unsere Überzeugungen und diese können unseren Handlungsspielraum enorm einschränken, ohne dass wir uns dessen bewusst sind.

Das erinnert mich an das Verhalten von Elefanten in Gefangenschaft.

Jedes Mal, wenn ich mit meinem Vater in den Tierpark ging, besuchten wir auch das Elefantenhaus mit seinem großen Gehege. Dort gab es für mich als Kind stets ein merkwürdiges Rätsel zu betrachten. Obwohl die Elefanten so mächtige Tiere sind, genügte ein dünner Strick, um sie am Weglaufen zu hindern.

Wie war das möglich? Ein kleiner, für sie unbedeutender Ruck und sie wären frei. Aber kein Einziges dieser großen Tiere kam auf diese Idee. So standen wir oft vor diesen imposanten Tieren und mein Vater erklärte mir immer aufs Neue, dass die Elefanten einfach nicht wüssten, dass sie stärker als das dünne Seil sind. Mir war das völlig unverständlich. Wie konnte der große starke Elefant das nicht spüren?!

Daraufhin erzählte mir mein Vater, auf welche Weise Elefanten erzogen würden. In Indien setzt man Elefanten gerne als Arbeitstiere ein. Um sie am Weglaufen zu hindern, bindet man den Fuß des noch ganz jungen Elefanten mit einer Stahlkette an einen Pfahl. Selbstverständlich versucht sich jeder kleine Elefant anfangs loszureißen. Aber alle Mühe ist vergebens. Er ist nicht kräftig genug und schafft es deshalb nicht. Auf diese Weise hat der Elefant bereits früh gelernt, dass er sich nicht befreien kann. Später, während der Elefant zu einem mächtigen, starken Tier heranwächst, wäre es ein Leichtes für ihn, die Kette zu zerreißen. Aber er tut es nicht, weil er gelernt hat, dass er nicht gegen die Fußfessel ankommen kann. Wissenschaftlich nennt man das Konditionierung.

In seinem Kopf existiert noch immer die feste Überzeugung, dass die Kette stärker ist, als er. Diese Überzeugung ist so stark, dass man schließlich nur noch ein dünnes Seil benötigt, um den großen Elefanten am Weglaufen zu hindern.

Die Überzeugung des Elefanten hat nichts mehr mit den tatsächlichen Umständen zu tun. Er erkennt diese neue Wahrheit einfach nicht. Das ist erstaunlich. Der gleiche Elefant, der für schwere Arbeiten im Wald eingesetzt wird, lässt sich durch ein dünnes Seil seiner Freiheit berauben. Die Erinnerung an diese damalige Erfahrung seiner Schwäche ist stärker, als seine tatsächliche Leistungsfähigkeit. Dieses einmal Erlernte nimmt er als feststehende Tatsache hin, weshalb er sie nicht mehr hinterfragt. Er ist in seiner inneren „alten" Wahrheit verhaftet, gefangen und blockiert.

Das kommt dir vielleicht bekannt vor. Auch wir haben Bereiche in unserem Leben, von denen wir glauben, dass wir es niemals schaffen könnten. Und alleine weil wir es glauben, probieren wir es gar nicht mehr. Auch wenn wir uns noch so sehr nach der Erfüllung sehnen. Wir sehen nur unendlich viele Gründe, warum es uns nicht möglich ist. Aber was wäre, wenn diese Gründe nur in unserem Kopf existierten?!

Möglicherweise hält uns auch nur ein dünnes Seil alter Überzeugungen, Programmierungen und Erinnerungen fest. Vielleicht müssten wir nur einmal ein bisschen daran ziehen und wären erstaunt, wie groß und mächtig wir in Wahrheit sind.

Könnte es nicht auch sein, dass diese wirksame Konditionierung und Programmierung der Elefanten bei uns Menschen gleichermaßen dafür verantwortlich ist, dass wir nicht gegen die Herrschaft von Machthabern, Großkonzernen, Banken, Bürokratie, Denunzierungen sowie Bespitzelung im Internet rebellieren und dies für unabänderlich oder gar selbstverständlich halten? Wie oft habe ich schon gehört: „Ich kleines Licht kann sowieso nichts ändern."

Weisheitslehrer aller Zeiten wussten es schon und die moderne Hirnforschung kann es mittlerweile auch beweisen:

Unsere Gefühle fallen nicht nebulös vom Himmel. Sie haben immer einen Auslöser und eine Ursache. Die Ursache dafür, was immer ich auch fühle, sind zumeist meine fest verankerten Glaubensmuster.

Glaube ich etwas Positives oder Nützliches sowie an meine eigene Schöpferkraft, werde ich ein optimistisches Gefühl mit einem Handlungsimpuls verbinden.

Glaube ich etwas Belastendes, das mich klein und hilflos hält, wird auch mein Gefühl dazu mich belasten sowie in meiner Handlung blockieren.

Solange wir die Ursachen im Außen suchen bzw. finden, versuchen wir die äußere Umgebung und Wirklichkeit zu ändern. Wir wollen beispielsweise, dass unsere Partnerin aufmerksamer und liebevoller sein sollte, mäkeln an ihren Verhaltensweisen herum etc.

Der Auslöser für meine Traurigkeit kann in der Außenwelt liegen. Zum Beispiel bei meiner Freundin. Aber die Ursache der Traurigkeit liegt in dem, was ich über sie bzw. über mich selbst glaube oder denke.

Leichter, als meine Freundin ändern zu wollen (was bekanntlich nicht geht) ist es, meine Glaubenssätze und Urteile zu hinterfragen, wenn ich nicht mehr traurig, wütend, ängstlich oder unzufrieden sein möchte. Das sind die ersten Schritte zur wahrhaftigen Liebe.

Dieses Loslassen im Sinne von Annehmen, was ist, mit anschließendem Gehen lassen, sich davon lösen und hinter mir lassen (Martin Luther: „Lass fahren dahin"), kann beginnen, sobald ich meine Glaubensmuster, Prinzipien und Konzepte in mir erkenne, die mich behindern. Die daraus resultierenden einschränkenden Gedanken kann ich durch eigene Beobachtung überprüfen. Vielleicht sind sie für mich gar nicht wahr? Eventuell hafte ich ihnen an, weil sie von meinen Eltern, Großeltern oder Freunden und Bekannten übernommen wurden?

Möglicherweise haben das Fernsehen, Zeitschriften oder andere Medien diese Konzepte und Geschichten bei mir eingepflanzt? Manchmal genügt es schon, zehn Mal die gleiche Aussage zu hören, um sie für wahr zu halten.

Solange ich mir nicht bewusst genug bin, meine Erkenntnisse nicht oder unzureichend umsetze und die Liebe aus meinem Leben verbanne, bin ich besonders anfällig für Manipulationen.

Ungeprüfte, stressige, wirre Gedanken sind die Ursache für sehr viel Leid, Chaos und Stress auf dieser Erde, die das innere, emotionale Loslassen verhindern. Die meisten Menschen fragen in ihnen ausweglos erscheinenden Situationen nach dem „Warum". Dies führt allerdings nicht zu befreienden Lösungen, sondern manifestiert die hilflose Opferrolle, wodurch man in der Sackgasse bleibt.

Stelle dir deshalb in Situationen, die dich stressen, energetisch herunterziehen oder gefangen halten, **sieben elementare, magische Fragen**, um aus dem fatalen Teufelskreis herauszukommen. Sich mit diesen Fragen eingehend zu beschäftigen, dient zunächst einmal auch dazu, inne zu halten, um nicht sofort reflexartig zu reagieren.

1. **Ist es wahr, was ich gerade wahr-nehme?**
2. **Kann ich wirklich absolut sicher sein, dass es wahr ist?**
3. **Wie fühle ich mich bei/mit meinem Gedanken und wie verhalte ich mich dadurch?**
4. **Wie würde ich mich ohne diesen Gedanken sowie ohne meinen Glauben daran fühlen und verhalten?**
5. **Welcher neue positive Gedanke kann ihn ersetzen und wie fühle ich mich dabei?**
6. **Wie kann ich ihn dauerhaft zur Überzeugung werden lassen, wenn er stimmig für mich ist?**
7. **Welche verändernden Handlungen und Verhaltensweisen leite ich davon ab?**

Solange ich etwas ganz fest glaube, schließe ich normalerweise andere Möglichkeiten aus und enge damit meine Wahrnehmung ein. Das allein kann schon weh tun. Durch einen Perspektivwechsel verlieren die stressigen Glaubenssätze und Programme ihre Macht, wodurch das sich Loslösen durch Gehen lassen seinen Lauf nimmt. Im ehrlichen sowie vertrauensvollen Miteinander der persönlichen, realen Begegnung, kann man sich die behindernden Gedanken wechselseitig am besten aufzeigen. Indem man sich auf die perspektivische Sicht des anderen einlässt und dessen Wahrheit als weitere Option zur eigenen Befreiung anerkennt, ebnet man für sich einen möglichen neuen Weg. Zumindest bekommt man dadurch ein erweitertes Gesichts- und Blickfeld.

Mit dem Verlassen des bedrückenden, stressigen Gedankenkarussells verschwinden auch die einengenden, stressigen Gefühle. Damit öffnet sich auch der Raum für die Liebe, wodurch sie wachsen und stärker fließen kann. Grundvoraussetzung hierfür ist allerdings, dass ich aus tiefstem Herzen an die wahre Liebe glaube, ohne jeden Zweifel von ihr überzeugt bin, weil ich sie fühle.

Glaube versetzt Berge!

Bist du bereit dazu, dich für die grenzenlose Liebe, frei von Ideologien und Dogmen, voll und ganz zu öffnen, für eine neue, ganzheitliche, spirituelle Sichtweise des Lebens?

Willst du die Berge der Zweifel und des Misstrauens überwinden, um dich vollkommen dieser allumfassenden Liebe hinzugeben?

Dann erlaube es dir! Nichts und niemand kann dich daran hindern, außer du selbst.

Was wäre,

wenn alles nur ein Spiel ist?

Lass dich bitte mal für einen Moment auf diesen Gedanken ein und was du jetzt hier liest, einfach mal auf dich wirken, ohne diese Idee gleich wegzuwischen. Danach entscheidest nur du, ob du daran glaubst oder nicht.

In spirituellen Kreisen hört man des öfteren, dass alles, was hier auf Erden veranstaltet wird, ein großes Spiel ist bzw. dass es viele Spielfelder für Menschen gibt. Man kann es auch als Weltbühne, großes Theater oder als Zirkus betrachten. Gehen wir davon aus, dass Seelen inkarnieren, um im menschlichen Dasein Erfahrungen zu sammeln und sich bestimmte Aufgaben zu stellen, dann suchen sie sich auf den einzelnen Spielfeldern ihre Spielpartner. Insofern gäbe es kein zufälliges Treffen. Zufall ist in diesem Sinne dann, was einem zufällt bzw. was fällig ist. Jeder Mensch in unserem Leben ist dadurch entweder ein Test, eine Lektion oder ein Geschenk.

Dieser Gedanke lässt sich gleichermaßen auf Situationen übertragen. Die Märchen, Geschichten, Krimis, Dramen und sonstigen Spielfilme, die uns als Übungsfeld geboten werden, sind sehr vielfältig und Angebote bzw. Versuchungen. Entweder lassen wir uns darauf ein oder verzichten auf sie. Letztlich geht es aus meiner Sicht immer darum, welche Erkenntnisse wir daraus ziehen, also welchen Nutzen haben diese Felder für mich persönlich und meine eigene Weiterentwicklung.

Wenn man zwischen jungen und alten Seelen unterscheidet, kann diesbezüglich der Nutzen sehr verschieden sein. So könnte einer jungen Seele durchaus reichen, wenn sie Spaß und Ablenkung hat. Das lässt sich gut vergleichen mit einem jungen Hund oder einer Katze, die im Ballspiel ihre Erfüllung finden und gleichzeitig ihre Reaktionsfähigkeit trainieren.

Alte Seelen suchen sich hingegen Spielfelder und Menschen aus, die sie triggern, um an ihnen innerlich zu wachsen und die bedingungslose Liebe zu trainieren. Zumindest ist das für mich eine plausible These.

Nun gibt es auch noch die dunklen Mächte oder niedrig schwingende Energien bzw. Wesenheiten, die andere Menschen verführen möchten. Allerdings braucht es für diese Verführer auch Menschen, die verführt werden wollen oder sich einfach nur verführen lassen. In der Tragödie von Goethes Faust wird eine Vorstellung von diesem verhängnisvollen Zusammenspiel zwischen Machtspielen und Unterwerfungsspielen geliefert:

„Tief depriminiert und lebensmüde geworden, verspricht der Wissenschaftler Heinrich Faust dem Teufel Mephisto seine Seele, wenn es diesem gelingen sollte, ihn von seiner Unzufriedenheit zu befreien und für stetige Abwechslung zu sorgen. Mephisto schließt mit Faust einen Pakt in Form einer Teufelswette. Der Teufel Mephisto, dem neben Zauberkräften auch Humor und Charme zu Gebote stehen, ist bestrebt, Faust vom rechten Weg abzubringen. Er verwandelt ihn

zurück in einen jungen Mann, nimmt ihn mit auf eine Reise durch die Welt und hilft ihm, die Liebschaft mit der jungen Margarete (Gretchen) einzufädeln, einer naiven, sehr jungen Frau, in die sich Faust sofort verliebt, nachdem ihm Mephisto einen Zaubertrank übergeben hat. Faust richtet die junge Frau zugrunde, indem er sie verführt und dabei schwängert und indem er den Tod von Gretchens Mutter und Bruder herbeiführt. Gretchen bringt ein uneheliches Kind zur Welt, tötet es, aus Verzweiflung halb wahnsinnig geworden, und wird daraufhin verhaftet. Faust will sie mit des Teufels Hilfe vor der Hinrichtung retten; er versucht vergeblich, sie zur Flucht zu überreden, kann sie aber nicht vom Wahnsinn erretten. Er muss sie schließlich ihrem Schicksal und der Gnade Gottes überlassen."

In diesem Stück spiegelt sich der ewige Kampf zwischen Gut und Böse wider, der seit Menschengedenken existiert.

Dieser Dualismus trifft bis heute auf Dichter und Denker. Es verwundert daher nicht, dass sich seinerzeit Goethe mit der Lehre und den Praktiken des antiken Propheten Zarathustras beschäftigte und sich bei Fausts teuflischen Gegenspieler, dem listigen Mephisto, von dem geistig verdunkelten Wesen Ahriman aus dem Avesta – dem Heiligen Buch des Zoroastrismus – inspirieren ließ.

Dieses „Gut und Böse" ist in jedem von uns mehr oder weniger ausgeprägt und Neale Donald Walsch, ein US-amerikanischer Autor spiritueller Bücher, schreibt diesbezüglich von einem ständigen sowie zerstörerischen Pendeln zwischen Liebe (Gut) und Angst (Böse).

Wenn dies alles in uns ist, wovon ich ausgehe, stimmt das von vielen Menschen favorisierte Bild „der Bösen da oben, die uns Guten unten verführen", nicht mehr. Dann ist es nämlich so, dass nur das im Außen geschieht, was wir in unserem Innern nähren.

Kommen wir nun wieder zurück zu der Spielthese:

Das Leben ist wie ein Drehbuch. Wir können alle Regisseure bzw. Akteure sein oder nur Zuschauer bzw. Claqueure beim Abspielen des Films. Es gibt auch Mischformen von Akteuren, die zuweilen ebenfalls Beobachter sind, um aus dieser Rolle heraus zu neuen Erkenntnissen mit verändernden Handlungen zu gelangen. Entscheidend ist letztlich, ob wir in dem Spiel aktiver Gestalter unseres Lebens sind oder fremdbestimmt gelebt werden.

Stellen wir uns also vor, wir sitzen in einem Theater und uns wird etwas vorgeführt, um uns abzulenken. Tatsächlich passiert hinter den Kulissen etwas ganz anderes. Glauben wir an den Inhalt des Theaterstücks in Form eines Lustspiels, Schauspiels, Dramas oder einer Komödie bzw. Tragödie, dann bleiben wir sitzen und lassen uns fesseln. Unsere Reaktionen zeigen sich durch Freude, Faszination, Begeisterung, Ergriffenheit, Trauer, Wut, Entsetzen oder eine Mischung aus diesen Gefühlen. Am Ende applaudieren wir zustimmend oder anerkennend. Wir können jedoch auch aufstehen und das Theater mitten im Stück verlassen, weil wir feststellen, dass es schlechte Schauspieler sind oder das Stück nicht pausibel bzw. ansprechend für uns ist. Dann gehen wir in das nächste Kino bzw. Theater oder spielen unser eigenes Spiel.

Die gleiche Ablenkung können wir auch im Zirkus erfahren. Dort gibt es beispielsweise Zauberer, die uns etwas vorgaukeln und letztlich täuschen. Der dumme August oder andere Clowns sind zu unserer Belustigung da. Wir fühlen uns ihnen überlegen und lachen sie aus, während wir nicht bemerken, dass sie uns mit ihrer Show eine Lektion erteilen. Das gleiche Phänomen können wir in Satiresendungen oder Comedy-Shows erleben, die mit Ironie oder beißendem entwürdigenden Sarkasmus, die schmerzliche Wahrheit kritisierend verpacken. Obwohl Menschen zwar darüber lachen, lassen sie in ihrem Leben weiterhin diese grausame Wahrheit über sich ergehen, weil sie nicht aktiv werden, sondern träge im Zuschauersessel sitzen bleiben und in der Verdrängung so tun, als ginge sie das alles nichts an.

Greifen wir nur mal exemplarisch für das herrschende Regime den Politiker Karl Lauterbach heraus, den man entweder als Psychopathen einschätzen könnte oder für einen schlechten Schauspieler hält. Letzteres wäre am Verwerflichsten, weil er uns mit dieser Rolle vorsätzlich täuschen und betrügen würde, wodurch er einen riesigen Schaden anrichtet. Hält man ihn für einen Psychopathen, richtet er zwar den gleichen Schaden an, jedoch aus seiner Krankheit heraus, wofür er sogar unser Mitgefühl verdienen würde, weil er in seiner geistigen Umnachtung selbst an das glaubt, was er uns erzählt. Egal, wie man ihn einschätzt, er dürfte niemals so ein hohes Amt bekleiden. Denn er geht verantwortungslos damit um und seine Parteigenossen, die dies dulden, handeln ebenfalls verantwortungslos.

Die entscheidende Frage ist deshalb, warum er an diesem Platz sitzt und worin liegen die wahren Motive seines Handelns oder derer, die ihn dort hingebracht haben?

Die nächste Frage wäre, welchen Nutzen haben wir, wenn wir uns über ihn lustig machen oder uns vor Wut und Entsetzen an ihm reiben?

Genauso verantwortungslos, entwürdigend und fatal ist

es, dass die Menschen einen dementen Präsidenten Biden in den USA zulassen. Es zeigt allerdings, wie krank und dekadent die Welt geworden ist.

Dient dieses ganze Theater nicht letztlich dazu, unsere Aufmerksamkeit und Energie zu binden und uns innerhalb der menschlichen Gemeinschaft auseinanderzudividieren?

Auf der Spielwiese des politischen Kabaretts bzw. der Politik-Komödie tummeln sich die Parteien, die vordergründig um irgendwelche vermeintlichen Sachfragen streiten und letztlich damit das Volk beschäftigen, damit es dann auch untereinander kleinkariert unerbittlich streiten kann. In Wirklichkeit ist das ein riesiges Ablenkungsmanöver, weil die wirklichen Entscheidungen ganz woanders getroffen werden.

In der Friedensbewegung der 1980-er Jahre gab es damals den Spruch:

„Stell dir vor, es ist Krieg und keiner geht hin."

Übergreifend würde nun der umfassendere Spruch passen:

„Stell dir vor, es ist ein böses Spiel und wir spielen nicht mehr mit."

Wäre es mit dieser Sichtweise von einem bösen Spiel nicht viel einfacher, sich von diesen vorgegaukelten Illusionen des Weltsystems zu verabschieden, um den Fokus auf etwas Neues, Erfüllenderes, Sinnstiftendes auszurichten?

Doch dazu braucht es das Wissen und die Erkenntnis, dass die Fäden hinter den Kulissen gezogen werden. Im Weltspiel sind es mehrere Regisseure, die viele Illusionen inszenieren, um ihre Interessen zu vertreten. Niemand kennt sie deshalb alle im Detail. Und Vermutungen darüber führen leicht zu Verschwörungstheorien.

Wenn man das Geschehen vor und hinter der Bühne getrennt voneinander betrachtet, dann lässt sich leicht erklären, warum es in unserer Gesellschaft zu dieser unversöhnlichen Lagerbildung kommt. Die einen glauben an das, was auf der Bühne gespielt wird und die anderen erkennen oder ahnen, was hinter den Kulissen inszeniert wird und messen dem mehr Bedeutung bei. Egal, wer auf welcher Seite steht. Keiner ist besser als der andere. Selbst wenn man dies mit unterschiedlichem Bewusstsein erklärt, hat dies nichts mit einer Abwertung der weniger bewussten Menschen zu tun. Es ist einfach, wie es ist. Jeder steht da, wo er gerade aufgrund seiner persönlichen Entwicklung stehen kann. Hilfreich wäre höchstens ein besseres Verständnis füreinander durch ein Hineintauchen in die jeweils andere Welt, um die unterschiedlichen Haltungen nachvollziehen zu können.

Die Trucker Kanadas, Landwirte der Niederlande sowie der BRD oder andere großflächige Aktivitäten haben allerdings sehr eindrucksvoll gezeigt, dass die Mehrheit der Menschen mächtiger sein kann, sobald sie sich über ihre Einzelinteressen hinaus zusammenschließt, als eine kleine herrschende Machtspitze. Den gleichen Effekt könnten Millionen von Menschen erzielen, wenn sie in Einigkeit nur für zwei, drei Tage die Wirtschaft lahmlegen, indem sie nicht mehr zur Arbeit erscheinen.

Es braucht allerdings energetisch wohl einer noch größeren Eskalation des ideologischen, geisteskranken Wahnsinns, um endlich viel mehr Menschen wachzurütteln.

Aber was kommt danach?

Möglicherweise schaffen die friedlichen Demonstrationen und Montagsspaziergänge mit Geduld und Ausdauer die Voraussetzung für einen neuen gesellschaftlichen Zusammenhalt sowie einen freien Geist fundamentaler, menschenwürdiger und echter solidarischer Veränderungen.

Als das ostdeutsche Volk mit seinen Montagsdemonstrationen 1989 die Mauer zum Einsturz brachte, dachten die meisten Menschen dort, sie wären dadurch in der Freiheit gelandet. Tatsächlich sind sie nur in ein größeres Gefängnis gekommen, weil sie – so wie die Menschen weltweit – noch nicht die Mauern und Schranken in ihren Köpfen eingerissen haben. Stattdessen stellen äußere Faktoren wie perfekt gestylte Körper, oberflächlicher Spaß, Spiele, Konsum sowie der materielle Wohlstand nach wie vor die Maxime des Handelns vieler Menschen dar.

Interessant ist auch, dass die Kraft einer Gemeinschaft schnell verloren geht, wenn der gemeinsame „Feind" (im Falle der Ostdeutschen, die SED-Regierung) oder der Injektionsdruck verschwindet. Wer klar im Geist ist, weiß jedoch, dass danach „eine neue Sau durch Dorf gejagt wird", wie der Volksmund so schön sagt.

Es geht also final darum, die innere Freiheit und Unabhängigkeit sowie inneren Frieden durch Eigenverantwortung, Selbstvertrauen und Selbstermächtigung zu erlangen, um sich von allen äußeren Fesseln zu befreien. Je stärker und kontinuierlicher eine Gemeinschaft in dieser Hinsicht als „WIR" agiert, um so schneller ist eine Befreiung möglich und kann danach stabil erhalten bleiben. Dies fördert das eigene Glück und Wohlbefinden, wodurch das Leben leichter wird.

Wie sieht nun der Sinneswandel aus?

Nachdem wir in der Außenwelt immer stärker in eine Sackgasse und ins Chaos geraten sind, ist nun die Zeit der intensiven Innenschau mit den Fragen „Woher komme ich?" und „wer bin ich wirklich?" gekommen. Es ist die Zeit der Reinheit, Klarheit, Wahrheit und Wahrhaftigkeit. Immer mehr Menschen haben sich in der Vergangenheit bereits entsprechend ausgerichtet, konnten sich jedoch zum größten Teil nicht von den äußeren Einflüssen in dem Maße befreien, um der wahren Liebe genug Kraft zur Entfaltung geben zu können. Bildlich gesprochen sind wir gesellschaftlich ständig zwischen den Verlockungen im Außen und dem wahren Sein in der universellen Anbindung hin und her gependelt und tun dies noch. Je mehr im Außen, also im Konsum, in der Unterhaltung, der Technik etc. der Sinn des Lebens gesucht wird, desto mehr gerät man in Versuchung, den Verführern mit ihren Verlockungen zu unterliegen. Die Zeit war offenbar kollektiv noch nicht reif genug, um einen grundlegenden inneren Wandel zu vollziehen. Jetzt kommt dieser Prozess in Form der Rückkehr zu unseren Wurzeln menschlichen Daseins glücklicherweise immer mehr in Gang. Es ist keine Revolution, die alte Führer durch neue mit ihren entsprechenden Ideologien ersetzt, sondern ein kontinuierlicher Evolutionsprozess der Frequenzerhöhung hin zu einer neuen natürlichen Ordnung, in der wir selbst die Führung und Verantwortung für unser Leben übernehmen. Insofern leben wir in einer spannenden Zeit fundamentaler Veränderungen, die im Übergang allerdings auch Leid und Schmerzen hinterlassen können. Leider lernt der Mensch meist erst durch den Schmerz. Viele versuchen diesem Schmerz auszuweichen, ihn zu verdrängen oder zu unterdrücken. Sobald wir ihn jedoch als Heilmittel akzeptieren und durch ihn hindurchgehen, sind wir am Ende um so dankbarer, wenn wir endlich das Licht hinter dem Tunnel erblicken. Es ist der Weg und die Transformation vom SCHEIN zum SEIN.

„Den Sinn erhält das Leben einzig durch die Liebe. Das heißt: Je mehr wir lieben und uns hinzugeben fähig sind, desto sinnvoller wird unser Leben."

Das hat der Schriftsteller Hermann Hesse einmal gesagt. Wer seine Biografie kennt, weiß, wieviel Schmerz er in seinem Leben durchlitten hat. Insofern wird seine Aussage um so bedeutungsvoller!

In einem weiteren Zitat sagt er zum

Eigensinn:

„Eine Tugend gibt es, die liebe ich sehr, eine Einzige. Sie heißt Eigensinn. – Von all den vielen Tugenden, von denen wir in Büchern lesen und von Lehrern reden hören, kann ich nicht so viel halten. Und doch könnte man alle die vielen Tugenden, die der Mensch so erfunden hat, mit einem einzigen Namen umfassen. Tugend ist: Gehorsam. Die Frage ist nur, wem ich gehorche. Nämlich auch der Eigensinn ist Gehorsam. Aber alle anderen, so sehr beliebten und belobten Tugenden sind Gehorsam gegen Gesetze, welche von Menschen gege-

ben sind. Einzig der Eigensinn ist es, der nach diesen Gesetzen nicht fragt. Wer eigensinnig ist, gehorcht einem anderen Gesetz, einem einzigen, unbedingt heiligen, dem Gesetz in sich selbst, dem „Sinn" des „Eigenen"."

Da wo ein Sinn ist, ist auch Freude.

Sinn hat, was verständlich und in sich stimmig ist. Die emphatische Bedeutung: „Etwas macht Sinn", was sich lohnt, was wichtig ist, erfüllt, zufrieden und glücklich macht.

Eine ältere Bedeutung weist auf das Verb „sinnen" hin, welches im Althochdeutschen "streben, begehren" (siehe auch Ansinnen) ursprünglich aber "gehen, reisen" meint.

Eine andere Definition des Wortes „Sinn" ist „die Fähigkeit, etwas wahrzunehmen und zu empfinden".

Der Mensch besitzt die klassischen fünf Sinne: das Sehen, Hören, Riechen, Schmecken und Tasten. Hinzu kommt die Intuition. Es ist der so genannte „sechste Sinn" oder die sensitive Wahrnehmung der feinstofflichen Dimension. Hierzu gehört das Hellhören, Hellsehen, Hellfühlen, mediale Fähigkeiten bzw. Veranlagungen, Vorahnungen etc.

Diese Art der übersinnlichen Wahrnehmung wird der Zirbeldrüse zugeschrieben. Sie befindet sich etwa fünf Zentimeter hinter dem Punkt zwischen den Augenbrauen und wird deshalb auch drittes Auge genannt. Sie ist die oberste aller endokrinen Drüsen im menschlichen Körper.

Wenn wir all diese Sinne positiv stimulieren sowie bewusst und achtsam benutzen, sind wir in einem konzentrierten Wachzustand und erfahren die ganzheitliche, ursprüngliche, tief verankerte Freude menschlichen Daseins. Es kommt zur Reise und einem Feuerwerk der Sinne, das uns energetisch auftankt. Das Erfühlte führt zur erfüllten Fülle. Dies ist mit einem Wandel in der Wahrnehmung unserer Sinne gemeint und wäre die Kurzantwort auf die Frage in der Überschrift dieses Kapitels.

Jetzt finden sich zunehmend die „Gleichschwingenden" im wachsenden und ganzheitlichen Bewusstsein der Sinnlichkeit. Damit potenziert sich die feinstoffliche Energie und erweitert das hochschwingende Feld. Und weil diese Menschen die natürliche Sinnlichkeit und Liebe in sich tragen sowie diese höchstschwingende Frequenz aussenden, grenzen sie auch nicht aus. Sie integrieren vielmehr und verbinden miteinander. Das ist der entscheidende Unterschied zu den Gleichgesinnten einer Ideologie, welche eine Konstruktion des Verstandes darstellt, bei der es um nervige Rechthaberei, Ausgrenzung und Ausschluss geht.

Ist jemand „nicht mehr bei Sinnen", dann ist er geistesabwesend und unaufmerksam. Energetisch ist man dadurch nicht mehr an die natürlichen Abläufe angebunden. Deshalb können wir mit Fug und Recht von einer geisteskranken Gesellschaft sprechen, weil kollektiv der (heilige) Geist vernachlässigt bzw. ausgeschlossen wurde. Indem sich die Mehrheit nur noch auf ihren begrenzten Verstand konzentriert und verlässt, der für alles Beweise braucht, ständig bis ins Detail analysiert und kontrollieren will, erkrankt die Gesellschaft an dieser geistigen Trennung. Es erschwert den Zugang zur geistigen, feinstofflichen Welt, was dem Seelenheil entgegenwirkt.

In unserer modernen, digitalen Welt fokussieren wir uns vor allem auf das Sehen, welches der Reizüberflutung durch niederprasselnde Informationen, unzählige Fotos (pics) sowie bewegte Bilder der digitalen Medien ausgesetzt ist. Genau dieser Fokus wird genutzt, um uns immer mehr Fakes durch manipulierte Bilder zu präsentieren. Um nicht mehr darauf hereinzufallen, hilft der Blick nach innen.

Das Hören nimmt ebenfalls einen großen Raum in unserem Leben ein, wobei Lärm uns in der feinen Wahrnehmung wiederum einschränkt. Tasten, Fühlen und Berühren kommen in der digitalen Virtualität zu kurz. Riechen und Schmecken sind durch die nährstoffarmen, industriell hergestellten Lebensmittel sowie schädliche Umwelteinflüsse beeinträchtigt.

Der Unterschied zwischen ablenkendem Spaß und wahrer, grundloser Freude liegt darin, dass Spaß oberflächlich im äußeren Geschehen entsteht und erlebt wird. Die Freude hingegen kommt von innen. Sie entsteht aus der wahrgenommenen Fülle (dem Sinn) sowie dem Fluss des Lebens und wird deshalb auch sinnigerweise Lebensfreude genannt. Sie braucht nicht einen immer höheren Kick. Im Gegenteil. Hier greift der für manche kaum fassbare Effekt: „Weniger ist mehr." Je weniger an geballten Informationen in einem Moment auf uns einstürmen, je ruhiger und stiller es wird, desto feiner und differenzierter können wir einzelne Dinge im Detail wahrnehmen und auf uns wirken lassen.

Schon beim Betrachten der kleinsten Blume, beim Hören von Vogelgezwitscher kann größte Freude empfunden werden. Dies resultiert aus dem Gefühl des All-Eins-Seins, aus der Hingabe und Liebe zum Leben. Damit ist die Freude ein wichtiger Aspekt der bedingungslosen Liebe, welche die Leichtigkeit des Seins unterstützt. Bist du in reiner Liebe, dann ist die wahre FREUDE ein Lebensgefühl, eine natürliche Art zu LEBEN. Ein vollkommener Zustand der Reinheit. Du brauchst dann nicht mehr einen "Auslöser", einen äußeren Anlass oder Anreiz zur Freude.

Sobald du in der vollen Freude bist, kannst du auch von ganzem Herzen lachen. Es ist ein anderes Lachen, als das über Witze, Comediens oder lustige Filme, das manchmal ein herablassendes „Auslachen" darstellt.

Das Lachen aus tiefstem Herzen ist genau so rein, wie die Freude und deshalb viel tiefer von der Empfindung. Authentisches, natürliches Lachen wirkt ansteckend und kann zu prickelnden Bauchkrämpfen führen. Verliere nie deinen Humor, denn er hilft dir aus düsteren, traurigen oder ausweglosen Situationen heraus. Humor ist eine Gabe des Herzens.

Je unabhängiger ich mich von „negativen" Einflüssen mache, je mehr ich auf meine innere Stimme höre, je mehr ich verzeihen kann, je dankbarer ich für alles bin, je zentrierter ich in mir bin, desto mehr Freiheit erfahre ich. Und mit der Freiheit wächst mein innerer Frieden. Damit füllt sich auch die reine Freude. Und mit dieser sinnerfüllten Freude kommt das Glück. Das ist wie ein Dominoeffekt. Einmal angestoßen und auf dem Weg, sich für die allumfassende Liebe zu öffnen, kommt alles andere von selbst. Die Liebe öffnet alle Türen. Wir können die Leichtigkeit des Seins spüren, trotz allen Leids um uns herum. Das bedeutet nicht, unsere Umgebung zu ignorieren. Denn wenn wir im Mitgefühl der Liebe sind, nehmen wir alles um uns herum intensiv wahr. Doch mit unserer eigenen Unbeschwertheit bekommen wir die nötige Energie, um dort zu helfen, wo es uns aufgrund unserer persönlichen Fähigkeiten und Kompetenzen möglich ist. Sobald wir Situationen, die uns psychisch herunterziehen, mit dem nötigen Humor tragen, bringt uns dies eine Beschwingtheit, die es erleichtert, den Blick von den

Problemen auf die Auswege zu richten.

Es gibt immer wieder Situationen, in denen wir keine Freude spüren können. Hilfreich ist dann, sich an Ereignisse zurückzuerinnern, in denen man voller Freude war. Wenn ich mich gedanklich beispielsweise in einer Meditation darauf konzentriere, kann ich dieses Gefühl wieder viel besser wahrnehmen. Hilfreich ist auch, sich in diesen Phasen verstärkt in der Natur aufzuhalten.

Verhängnisvoll ist, dass die Medien uns ständig suggerieren, im Konsum liege das wahre Glück und die wahre Freude. Unternehmen, die über Werbung ständig neue Produkte absetzen wollen bzw. müssen, um ihre Existenz zu sichern, wecken bei uns Wünsche und Bedürfnisse für einen neuen Bedarf, ohne den wir vorher genauso gut oder vielleicht besser gelebt haben.

Wozu führt das?

Viele Menschen orientieren sich immer mehr an äußeren, künstlich geschaffenen Bedürfnissen, wodurch sie den Blick bzw. das Gespür für ihre inneren, natürlichen Bedürfnisse vernachlässigen oder gar verlieren. Diese Wahrhaftigkeit des Menschseins zeigt sich in der Ausgewogenheit zwischen Körper, Geist und Seele.

Um die äußeren materiellen Bedürfnisse befriedigen zu können, wird die Arbeit zumeist nur noch als reine Einkommensquelle benutzt . Wenn aber die Identifikation mit der Arbeit fehlt, werden Menschen noch unzufriedener und suchen das Glück in immer mehr (Freizeit)-Aktivitäten oder sonstigen Ablenkungen.

Absurd ist heutzutage deshalb die Tendenz, unsere Zeit zu unterteilen in Arbeits-Zeit und Frei-Zeit. Die Arbeit-Zeit wird fremdbestimmt immer mehr verdichtet, sodass wir uns dann abgehetzt in die Frei-Zeit begeben, um einen Augenblick des Abschaltens zu erhaschen, damit wir uns erneut dem Stress aussetzen und unterwerfen können. Man beobachte nur, welchem Stress heute bereits unsere Kinder durch die Planungen ihrer Eltern ausgesetzt sind. Vor lauter Angst, womöglich etwas vermeintlich Wichtiges zu verpassen, wird der Tag mit jeder Menge an Aktivitäten vollgestopft.

Inwieweit verstärktes Homeoffice sowie Homeschooling Entspannung und Verbesserungen diesbezüglich gebracht haben oder noch bringen werden, vermag ich nicht zu entscheiden. Das wird man in der Zukunft sehen. In meinem persönlichen Umfeld wird jedoch vielfach beklagt, dass es anstrengend für die Mitbewohner ist und im Hinblick auf die eigenen Kinder im Haushalt schwierig, sich während der Arbeitszeit zuhause abzugrenzen und zu konzentrieren. Außerdem vermissen viele den persönlichen, realen Kontakt mit ihren Arbeitskollegen sowie den Mitschülern. Vermutlich wird es so sein, wie mit allen bisherigen sogenannten technischen Errungenschaften. Man wird sie nicht wieder abschaffen, allenfalls reduzieren, es sei denn der Druck der Betroffenen wird entsprechend stark.

Wann begreifen Menschen endlich, dass es nur eine einzige LEBENS-Zeit gibt, die wir sinnerfüllt nutzen sollten, um wirkliche Freude und tiefes Glück zu empfinden? Richten wir den Fokus darauf, suchen wir auch eine Arbeit, die unserer Berufung entspricht. Arbeit, die ich liebe, empfinde ich nicht als Belastung oder Stress.

Unsere konsumorientierte, materialistisch geprägte, angstvolle Gesellschaft verursacht hingegen immer mehr ungesunden, psychisch-belastenden Stress. Niemals zuvor gab es deshalb so viele psychische Erkrankungen, wie in der heutigen Zeit. Die Auswirkungen durch die C-Maßnahmen lassen nach neuesten Erkenntnissen den Prozentsatz noch weiter ansteigen. Depressive Störungen durch psychische Fehlbelastungen und chronischen Stress bei der Arbeit treten speziell im Gesundheitsdienst sowie im Banken- und Versicherungsgewerbe auf. Überforderungen nehmen ebenfalls bei der Lehrerschaft ständig zu. Ursachen sind Defizite beim Tätigkeitsspielraum sowie die Arbeitsintensität, aber auch zu geringe Entlohnung. Bei Lehrern kommen die Probleme der Wissensvermittlung und Konflikte zwischen den Schülern durch die vielen unterschiedlichen Kulturen in den Klassen sowie die nervenaufreibenden Auseinandersetzungen mit den Eltern hinzu. Viele Menschen befinden sich in einem „Hamsterrad" einer oder mehrerer unbefriedigender Erwerbstätigkeiten, um sich immer mehr Konsum und die exorbitant steigenden Mieten leisten zu können. Der „Herdentrieb" durch Nachahmung (was mein Nachbar hat, muss ich auch haben) verstärkt diesen krankmachenden Prozess zusätzlich.

Eine andere Form des Konsums bezieht sich auf das „Anhimmeln" von Politikern, Schauspielern, Musikern, Kabarettisten, Propheten und Heilern, die uns die Welt erklären etc. Es führt zu dem Irrglauben, sie könnten oder würden es schon für uns richten. Damit verstärkt sich die eigene Ohnmacht und Trägheit bzw. Untätigkeit.

Wenn wir dieses Dilemma endlich erkannt und begriffen haben, wissen wir auch, worauf es im Leben tatsächlich ankommt. Dann gilt es nur noch den entscheidenden Schritt für einen Wandel zu gehen. Der Weg ist das Ziel und der beginnt beim Gehen mit Schritten. Es reichen schon kleine Schrittchen, hauptsache der Anfang ist gemacht. Alles andere ergibt sich.

Viele Menschen wünschen sich für die Heilung Geheimrezepte oder schnelle, bequeme Lösungen. Es gibt eine Menge Videos und Bücher, die genau das suggerieren, beispielsweise durch das Erlernen von vermeintlich einfachen Methoden, damit aber an der Oberfläche bleiben und Menschen dahingehend verführen. Letztlich ist diese Form von Marketing Augenwischerei. Denn am Ende dieser vorgegaugelten schnellen Rezepte für das angebliche Erreichen von Glück, kommen die meisten Menschen nicht wirklich sehr viel weiter. Sie haben etwas mit dem Verstand erlernt, was jedoch oft nicht bis in die emotionale Ebene dringt, weil dort noch der „alte Müll" der Vergangenheit abgelagert ist. Sie werden dadurch davon abgehalten, an den Ursachen ihrer Blockaden und Hemmnisse zu graben, sondern haben nur an der obersten Schicht gekratzt. Wir brauchen deshalb Geduld mit uns selbst und sollten uns Zeit für die notwendigen Prozesse geben sowie tiefer in uns hineinschauen. Wir haben zwar alle ähnliche traumatische Erlebnisse in unserem Leben, aber in ihrer Komplexität und der Tragweite können Traumata individuell sehr unterschiedlich sein. Dies gilt auch für den Umgang damit sowie deren Verarbeitung. Deshalb gibt es keine standardisierten Lösungen, wie es einige versprechen.

In der Essenz geht es letztlich darum, die Liebe freizulegen und zu entwickeln. Die Befreiung von dem alten angesammelten Müll in Form von Glaubenssätzen, Konzepten, Gedanken-Konstrukten, Programmierungen etc. wirkt dabei wie eine innere Reinigung. Das bringt uns zur Selbstermächtigung. Alles, was wir in Liebe und mit begeisternder Leidenschaft anpacken, verschafft uns inneren Frieden sowie innere Freude. Diese Freude wirkt über das Lachen und den Humor ansteckend, genau wie die Liebe über die feinstoffliche, hochschwingende Energie. Sobald wir in Liebe sind, erschaffen wir neues aus Liebe. Wir sind dann im gegenseitigen Geben unserer Fähigkeiten und Kompetenzen.

Mögen diese Formen von „Ansteckung" zukünftig im Fokus unserer Gesellschaft stehen.

Feiern wir gemeinsam in Freude und Dankbarkeit unser Leben durch unsere verbindende Liebe.

DIE EINZELNEN PHASEN DES „ERWACHENS" DURCH EINEN SINNESWANDEL ZUR SELBST-ERMÄCHTIGUNG:

1. **ZWEIFEL** an den offiziellen Erzählungen und Darstellungen

2. **ERKENNEN**, dass die Realität eine andere ist, als man bisher dachte bzw. glaubte, gefolgt von

3. **ERSCHRECKEN** über die Realität, die sich hinter dem Schleier offenbart.

4. **WUT UND WIDERSTAND.** Nachdem man sich immer wieder fragt, wie das alles möglich ist, wird man wütend auf sich selbst, weil man es nicht früher bemerkt hat. Es entsteht gleichzeitig eine Wut auf die Akteure und Strippenzieher, gepaart mit einem Kampf gegen sie sowie dem Bestreben, andere Menschen aufzuklären und sie auch zum Kampf zu motivieren. Bleibt man in der Wut stecken kann es zur

5. **LEUGNUNG DES ERKANNTEN** als Selbstschutzfunktion führen sowie zur

6. **HOFFNUNGSLOSIGKEIT** gepaart mit dem Gefühl der Hilflosigkeit, dass man sowieso nichts ändern kann. Erkennt man, dass nur ein Sinneswandel mit den Veränderungsprozessen in sich selbst zur Änderung der Welt beitragen kann, durch die eigene Vorbildfunktion, beginnt der

7. **RÜCKZUG**, das Besinnen auf das eigene Selbst beginnt dann, wenn die Sinnlosigkeit und das Chaos in der Außenwelt unerträglich wird. Dann wächst die Erkenntnis, dass alle äußeren Themen eigentlich innere sind. Dies führt zur

8. **ARBEIT AN SICH SELBST.** Das bedeutet eine Auseinandersetzung mit den eigenen (Ur-) Ängsten, mit Glaubenssätzen, Gedankenmustern, Ideologien, Vorurteilen, alten emotionalen Verletzungen, familiären Verstrickungen und Kränkungen. Diese sogenannte Schattenarbeit führt mit Hilfe der Vergebungsprozesse zum

9. **HINTERFRAGEN DER EIGENEN REALITÄT,** Auflösen eigener Blockaden und Erschaffen einer neuen Realität durch das Freilegen des wahren Selbst, um zur Essenz des SEINS zu gelangen. Damit verbunden stellt sich dann die Frage, was sind meine tatsächlichen menschlichen Bedürfnisse und in welcher Welt möchte ich leben? Das bedeutet letztlich

10. **BEWUSSTSEINSARBEIT.** Das äußere Geschehen triggert einen immer weniger. Denn was man in sich selbst erlöst hat, kann einem im Außen nichts mehr anhaben. Es ist der Weg zur

Befreiung und Entfaltung der wahrhaftigen Liebe.

11. **BEWUSSTSEINSANHEBUNG/ -ERWEITERUNG** verschafft einem mehr Stabilität durch die innere Reife. Stärkung des Gottesvertrauens bzw. des Vertrauens in die natürliche Ordnung, die Quelle der Schöpfung, lässt das Selbstvertrauen und die Selbstermächtigung wachsen. Dadurch wird es immer leichter, mutig die allgegenwärtige Liebe zu leben, Haltung zu zeigen, in Liebe zu handeln, andererseits jedoch zu akzeptieren, was gerade ist. Diese Gelassenheit verschafft einem inneren Frieden und innere Freiheit. Sie führt zur Leichtigkeit des SEINS. Da dies kein statischer Zustand ist, sondern ein immerwährendes inneres Ausbalancieren, kann es auch zu Rückschlägen kommen

12. **TRANSFORMATION UND HEILUNG** durch die kontinuierlichen inneren Veränderungs- und Klärungsprozesse führt zu

13. **VOLLSTÄNDIGER VERBUNDENHEIT** Sie erfolgt nach dem vollständigen Durchschauen der Illusion von Getrenntheit. Wir erkennen und leben die Kraft als Schöpferwesen, die alle durch Liebe mit allem verbunden sind.

Viele Menschen bleiben in der 4. und 5. Phase bzw. in der Hoffnungslosigkeit der 6. Phase hängen und verharren im Leid, in der Wut oder Fassungslosigkeit. Einige kehren wieder zurück in die gewohnten, alten Bahnen. Vielleicht werden sie aber auch bestärkt von anderen Menschen, die erfolgreich durch alle Prozesse gegangen sind und glücklich ihr schöpferisches Licht mit Freude strahlen lassen.

Es darf auch sein, zunächst in der Wiederholungsschleife zu bleiben, um einen erneuten Anlauf zu wagen. Jeder hat seinen eigenen Weg und braucht seine eigene Zeit. Insofern gibt es kein „Besser" oder „Schlechter", kein „Höher" oder „Tiefer".

Manche bleiben in ihrem gemütlichen, gewohnten Elend. Es steht uns nicht zu, dies zu verurteilen. Auch das ist in Bezug auf die individuelle Seele in Ordnung. Vielleicht hat sie sich genau diesen Weg ausgesucht. Allerdings wächst der Schmerz mit zunehmender Eskalation und verstärktem Chaos in der Außenwelt.

Wer bereit ist, diesen Reifungsprozess vollständig zu durchlaufen, wird erlöst und damit frei. Sobald genügend Seelen dieses innere Bewusstseinswachstum vollzogen haben, ist das Lügen- und Täuschungsspiel vorbei. Denn das alte Weltsystem lebt von niedrigen Schwingungen, vor allem der ständigen Vermittlung von Angst, die uns in Abhängigkeit hält. Es kollabiert, wenn wir kollektiv unsere Schwingungsfrequenz erhöhen. Wir dürfen es wagen, damit die Liebe siegt.

Der Sieg der Liebe besteht im Grunde darin, das Ich-Bewusstsein, welches wir alle in der Kindheit entwickeln, um uns als Individuum und Persönlichkeit wahrnehmen zu können, integrierend in ein Wir-Bewusstsein einzubetten. Dadurch verlieren wir nicht unsere Individualität, sondern können vielmehr die Einzigartigkeit unseres Daseins ohne Konkurrenzdruck in die Gemeinschaft einbringen, welche bereichernd und fördernd wirkt. Wir fühlen uns damit viel mehr als Teil des Ganzen und konzentrieren uns stärker auf das Verbindende, statt das

Trennende zu nähren.

Dazu gehört auch ein ganzheitlicher Ansatz von Gesundheit, genannt Salutogenese.

Was erhält uns gesund?

Neben gesunder Ernährung, gesundem Wasser, ausreichender Bewegung an der frischen Luft, Sonnenbädern, erholsamen Schlaf, Gedankenhygiene etc. gehören das Gefühl der Kohärenz durch Sinnhaftigkeit, emotionales Gleichgewicht und kognitives Verständnis zur Gestaltung dazu. Wie komme ich mit den Herausforderungen des Lebens zurecht? Wie stärke ich meine Resilienz? Die Haltung in Liebe spielt dabei eine entscheidende Rolle, weil sie eine Balance zwischen Körper, Geist und Seele als Synthese herstellt. Im Gegensatz dazu haben wir in der vorherrschenden Schul-Medizin die trennende, analytische Pathogenese, also die detaillierte Erforschung der Symptome von Krankheiten und die einseitige körperliche oder psychische Fokussierung darauf. Eine ganzheitliche Ursachenforschung unterbleibt oder ist nur in Ansätzen vorhanden.

„Wir müssen auf unsere Seele hören, wenn wir gesund werden wollen. Letztlich sind wir hier, weil es kein Entrinnen vor uns selbst gibt. Solange der Mensch sich nicht selbst in den Augen und im Herzen seiner Mitmenschen begegnet, ist er auf der Flucht. Solange er nicht zulässt, dass seine Mitmenschen an seinem Innersten teilhaben, gibt es keine Geborgenheit. Solange er sich fürchtet, durchschaut zu werden, kann er weder sich selbst noch andere erkennen – er wird allein sein.

(Hildegard von Bingen)

174

Spiritualität hat nichts damit zu tun, irgendetwas zu glauben.

Spiritualität ist die bewusste Entwicklung des Bewusstseins und des Herzens (der Intuition), hin zu einem Individuum, das seiner höchsten Bestimmung gerecht wird:

Liebe zu sein und sich in Liebe auszudehnen.

(Netzfund)

Leider wird diese Weisheit von vielen Menschen noch nicht begriffen, weil sie es nicht fühlen können, sondern mit ihrem kognitiven Verstand verstehen wollen. Dies erklärt auch, warum viele Bücher und Videos zwar die desolate, lieblose, inhumane Situation unseres Landes und der Welt beschreiben sowie beklagen, aber entweder keine Lösungen anbieten oder wieder nur in Form von neuen Konstrukten, Konzepten oder Regelungen, die man den Menschen überstülpen will. Die nachhaltige Lösung und Heilung durch Liebe wird nur von ganz wenigen oder gar nicht erkannt bzw. vermittelt, weil sich dies nun mal der breiten Öffentlichkeit nicht gewinnbringend verkaufen lässt.

Ein kleiner Abstecher in die Welt der Frequenzen:

„Wenn du die Geheimnisse des Universums finden willst, denke in Begriffen wie Energie, Frequenz und Vibration."

(Nikola Tesla)

Wirbelförmige Spiralen, die überall in der Natur zu finden sind, stellen den Schlüssel zu diesem unendlichen Energiereservoir dar. Unsere DNA besteht beispielsweise in der Form einer Doppelhelix.

Der wissenschaftliche Begriff der Quantenphysik hierfür ist Nullpunktenergie. Diese feinstoffliche Energie ist auch unter den Namen Freie Energie, Prana, Kundalini, Odem, Orgon, Chi, Äther, Gottesenergie oder einfach Lebensenergie bekannt. Sie durchströmt das ganze Universum. Nullpunktenergie hat keine Frequenz, trägt aber alle Frequenzen in sich im Nullpunktfeld.

Die Wirkungen der Placebo- und Noceboeffekte lassen sich durch die feinstofflichen Schwingungen der Gedanken und Glaubensenergie erklären.

Scham- und Schuldgefühle gehören zu den Gefühlen mit der niedrigsten Frequenz (20 – 30 Hertz).

Die Frequenz von Angst liegt bei 100 Hertz.

Die Frequenz von 396 Hertz (Hz) soll Trauer in Freude verwandeln und gespeicherte Energie mit positiven Effekten freisetzen, indem sie die Gefühle von Schuld und Angst, die oft eines der grundlegenden Hindernisse für die Realisierung und Zielerreichung darstellen, reinigt.

Töne, die auf dem Kammerton von 432 Hz basieren, sollen sehr harmonisch auf den Körper wirken, die Synchronisation der Gehirnhälften unterstützen und den gesunden Zellstoffwechsel fördern.

Musik in 528 Hz hat eine fühlbar entspannende und heilsame Wirkung auf unseren Körper, sie öffnet das Herz und verbindet uns – so wie es der Schwingung entspricht - mit Himmel und Erde, denn wir schwingen in

Resonanz mit dem Ton der Erde. 528 Hz ist als Liebes-frequenz, Wunderton, Frequenz der Transformation bekannt.

639 Hz soll die Fähigkeit erhöhen, tiefe, sinnvolle und harmonische Beziehungen zu anderen aufzubauen. Kommunikation, Verständnis, Toleranz und Liebe werden gefördert. Es ist die soziale Frequenz.

Wenn die spirituelle oder geistige Ordnung aus dem Lot geraten ist, so bewirkt die Frequenz von 852 Hz wieder eine Rückkehr dahin. Durch die Kommunikation mit dem Schöpfergeist gelingt beim Anhören dieser Frequenz auch die Öffnung des sogenannten dritten Auges bzw. der Zirbeldrüse.

Ohne Selbstliebe keine wahrhaftige Nächstenliebe

Wir sind als Menschen nicht perfekt und das sollte man aus meiner Sicht auch nicht anstreben. Denn das Streben nach Perfektion ist viel zu anstrengend und frustrierend. Außerdem verhindert es die Leichtigkeit des Seins und damit das eigene Glück. Daran ändert sich auch nichts, wenn man das Wort heutzutage durch den Begriff „Selbstoptimierung" ersetzt. Denn dabei geht es schließlich nur darum, in der Leistungsgesellschaft als Rädchen im Getriebe des Systems optimal zu funktionieren.

Wünschenswerter ist doch vielmehr, dass man andere so behandelt, wie man mit sich selbst umgeht bzw. wie man möchte, dass man uns begegnet. Es gibt bekanntlich die Volksweisheit: „Was du nicht willst, das man dir tu`, das füge keinem anderen zu."

Nun ist das leichter gesagt, als getan. Denn wir fügen anderen Menschen meist unbewusst Leid zu, weil wir auch aus den eigenen emotionalen Verletzungen bzw. Kränkungen heraus handeln und darin gefangen sind. Hinzu kommt, dass wir aufgrund unserer Prägungen und Erfahrungen mit uns selbst zumeist mehr oder weniger unzufrieden sind. Aus dieser eigenen Unzufriedenheit heraus kritisieren wir dann auch andere Menschen, erwarten aber gleichzeitig, dass man uns so akzeptiert, wie wir sind. Deshalb ist es enorm wichtig, dies nicht von anderen Menschen zu erwarten. Denn der Fokus darauf führt zu einem inneren Mangel, sobald die Erwartungen nicht erfüllt werden. Sinnvoller ist es, daran zu arbeiten, sich bewusst zu machen, dass wir als Gottes Geschöpf vollkommen sind und uns deshalb selbst bedingungslos lieben, achten und annehmen dürfen. Sind wir insoweit gestärkt, machen wir uns von dem Urteil anderer Menschen unabhängiger. Dies geschieht nicht von selbst, sondern bedeutet Arbeit an uns für inneres Wachstum und Erweiterung unseres geistigen Horizontes. Damit legen wir quasi unsere Vollkommenheit und unser schlummerndes Potenzial frei.

Selbstliebe ist nicht zu verwechseln mit Egoismus. Dieser entsteht nämlich gerade aus Mangel an Selbstliebe. Weil ich mich selbst für wertlos, minderwertig, unfähig oder schlecht halte, fühle ich mich ständig zu kurz gekommen und suche dann im Außen einen Ausgleich zu Lasten anderer. Es kann das Gefühl entstehen, dass es überall Gegner gibt, die es mit den Ellenbogen zu bekämpfen gilt, um selbst besser gesehen und anerkannt zu werden. Das entspricht unserer rücksichtslosen „Leistungsgesellschaft."

Selbstliebe hingegen ist eindeutig abgegrenzt von Überheblichkeit, Selbstsucht bzw. Narzissmus. Die narzisstische Selbstgefälligkeit resultiert aus einer inneren Leere, einem Mangel an Selbstwertgefühl, das durch Eitelkeit, Arroganz und Selbstverliebtheit kompensiert wird. Diese Menschen haben in der Regel ein geringes Einfühlungsvermögen, weil sie nur auf sich fixiert sind. Sie sind auf ein hohes Maß an Bewunderung und Anerkennung von Außen angewiesen. Das Umfeld wird jedoch nur für das eigene Ego benutzt.

Selbstliebe bzw. Selbstachtung ist im Gegensatz dazu gekennzeichnet von einem gesunden Selbstvertrauen, einer inneren Balance und Gelassenheit. Es ist die Wertschätzung sich selbst gegenüber aus dem Bewusstsein der Einzigartigkeit heraus sowie der innere Weg zu sich selbst, der anerkennt, dass alles mit allem verbunden ist.

Bedenke immer dabei: Die Evolution hat seit Entstehen des Universums rund 14 Milliarden Jahre gebraucht, um Dich auf diese Welt zu bringen. DU bist ein unverwechselbares geliebtes Wesen, dass es so nie wieder geben wird. Viele dieser einzigartigen „Schätze" (Individuen) verschmelzen zu einem wundervollen, vollkommenen Ganzen. Erst durch DICH wird das Ganze vollständig. DU bist also wichtiger, als du vielleicht denkst. Deshalb ist dein Weg zur Selbstliebe ein Beitrag zur Heilung für das Ganze.

In diesem Bewusstsein finden solche Menschen überall etwas, das sie fasziniert, begeistert und bereichert, wodurch sie reifen. Währenddessen die mit sich selbst Unzufriedenen überall etwas suchen, was sie aufregt und stört. Mit ihrem Widerstand sowie Groll verhindern und blockieren sie ihre eigene Entwicklung. Sie stehen quasi auf der Bremse und wundern sich, dass sie nicht vorankommen oder sich im Kreis drehen.

Der Zusammenhang von Selbst- und Nächstenliebe besteht darin, dass Liebe grundsätzlich unteilbar ist. Man kann die Liebe zu anderen nicht von der Liebe zum eigenen Selbst trennen. Es ist EINS. Erst die eigene Liebesfähigkeit eröffnet die Möglichkeit, anderen in Liebe achtsam, wertschätzend und verantwortungsbewusst zu begegnen. Und diese Begegnungen können wiederum zur weiteren Heilung des eigenen Selbst beitragen. Wir spiegeln uns dadurch im Miteinander, was die wechselseitige Bereicherung sowie unsere Reifeprozesse fördert. Dieser Prozess der wachsenden Liebe resultiert aus diesem immerwährenden Wechselspiel des Austausches in der persönlichen Begegnung des „Ich" mit dem „Du" auf gleicher Augenhöhe. Das ermöglicht einen intensiven Kontakt auf der Seelen-Ebene, der mit dem Herzen fühlbar ist. Die ständige Rückkopplung durch die eigene Selbstreflexion führt zu einer Bejahung des Lebens, die alles andere Leben akzeptiert und in Liebe annimmt.

All das, was ich in diesen Prozessen an Widerständen, Schatten und Verletzungen nicht auflöse, übertrage ich in Form von Projektionen auf meine Mitwelt. Ich kann andere nur so annehmen, wie mich selbst. So wie ich mich eingrenze, grenze ich andere ein bzw. aus. Wenn ich mir selbst nicht verzeihen kann, fällt es mir bei anderen ebenfalls schwer. Fühle ich mich schuldig, suche ich auch im Außen Schuldige. Lebe ich in Angst und traue mir selbst nicht, dann kann ich auch anderen nicht vertrauen.

Überlege mal, wie oft du dich selbst verurteilst oder kritisierst. Immer, wenn du dich zu dick fühlst, deine Fältchen ablehnst oder dich insgesamt nicht attraktiv oder klug genug findest, bist du in der Selbstverurteilung. Oder denke an deine Schuld- und Schamgefühle, weil du bestimmte Entscheidungen oder Verhaltensweisen bereust bzw. ausgewählte Wünsche für unanständig hältst etc. All das beeinträchtigt deine Selbstliebe und Selbstachtung. Erst wenn du dir selbst dafür vergibst und damit alles integrierst, kannst du dich vorbehaltlos annehmen. Dazu gehören auch die dunklen Anteile in uns, das „sogenannte Böse." Dann kannst du auch anderen Menschen leichter vergeben und sie dadurch ebenfalls annehmen, wie sie sind.

Du kannst die Selbstannahme täglich mit deinem Spiegelbild üben. Benutze den Spiegel nicht nur für die Morgenroutine, nämlich um dich zu schminken, zu rasieren oder Zähne zu putzen. Rede mit deinem Spiegelbild. Vertraue dich ihm an. Schau, wie das Gesicht im Spiegel reagiert. Lass es auf dich wirken. Freunde dich mit dir selbst an, bis hin zur Bewunderung und Begeisterung. Wenn du dich traust, dann hauche in den Spiegel: „Du liebst mich." Vielleicht irritiert dich diese Aussage im ersten Moment, aber du wirst sehen, dass sie eine besondere Wirkung hat. Kannst du dich noch erinnern, wie du als Kind dein Spiegelbild geküsst hast? Hast du nicht? Dann mache es jetzt oder wiederhole es einfach! Für Kinder ist es auch völlig normal, „Grimassen zu schneiden." Erlaube es dir gleichermaßen als Erwachsener. Du kannst die Wahrnehmung auf deinen ganzen Körper ausdehnen, wenn du einen großflächigen Spiegel hast. Genieße deinen Anblick, bewege dich und suche nach Stellen, die du ganz besonders magst und gut findest. Umarme und liebkose dich. Tanze mit deinem Spiegelbild. Singe ein Lied und schaue dir dabei zu. Höre deine Klänge. Lerne dich neu kennen. Verändere deine Perspektive.

Die größte Schwierigkeit in der Dualität ist für uns Menschen die vermeintliche Trennung des „Ich" vom „Du", die es in Wirklichkeit nicht gibt, aber durch unsere Individualität gelebt wird und uns andererseits auch erst ermöglicht, uns selbst bewusst zu werden. Wenn wir erkennen, dass alles Eins ist, dann wird auch klar, dass wir alles, was wir anderen und Mutter Erde antun, gleichzeitig uns selbst antun.

Leider beobachte ich insbesondere in spirituellen Kreisen immer wieder Menschen, die so sehr mit sich selbst, ihren

Transformationsprozessen und ihrer Anbindung an die Schöpfung beschäftigt sind, dass sie darin hängen bleiben und den liebevollen Kontakt zu anderen vernachlässigen, wodurch sie Schwierigkeiten damit haben, in einer Begegnung hineinzuspüren, welche Bedürfnisse das andere Wesen hat. Damit werden unbewusst die eigenen Bedürfnisse über die der anderen gestellt, was leicht zur Egozentrik führen kann.

Nur Selbstliebe, die in einer ständigen Verbindung und liebevoll empathischen Auseinandersetzung mit allem Leben ist, führt zur wahren Authentizität. Sobald ich mich in diesem fortwährenden Austausch so annehme, wie ich bin und mich nicht mehr verbiege oder anpasse, kann ich auch so sein und entsprechend wirken. Das Innere ist mit dem Außen stimmig. Dann habe ich quasi meine „Position" im Gesamtgefüge gefunden und muss auch nicht mehr versuchen, andere hin und her zu rücken.

Als soziale Wesen suchen wir intuitiv die Gemeinschaft. Einsamkeit kann überwunden werden, sobald wir die liebevolle, bewusste Gemeinschaft MIT UNS SELBST eingehen. Dies ist Voraussetzung für eine wahrhafte ehrliche Gemeinschaft mit anderen Menschen. Selbstliebe stärkt auch die Fähigkeit, sich mit Menschen zu umgeben, die einem gut tun und die Fähigkeit auch einmal „Nein" sagen zu können, sich nicht zu verbiegen und sich somit selbst treu zu bleiben. Das setzt sehr viel positive Energie frei und führt zu einer vorbehaltlosen, offenen und ehrlichen Zuwendung gegenüber anderen Menschen.

Durch Erziehung und gesellschaftliche Einflüsse haben wir allerdings gelernt bzw. vermittelt bekommen, nicht gut genug zu sein und es irgendjemanden oder im schlimmsten Fall allen Recht machen zu müssen. Dieses Minderwertigkeitsgefühl kann sich nach innen richten und sich beispielsweise in Depressionen oder Selbstzerstörung, wie Ritzen äußern. Es spiegelt sich jedoch genauso im Umgang mit unseren Mitmenschen und zeigt sich z.B. in Neid, Eifersucht, Hass und Wut oder indem wir andere als Objekt benutzen. Ein gesellschaftliches Miteinander ist weder fruchtbar noch friedvoll, wenn es von solchen „negativen" Emotionen beeinflusst ist.

All diese Verhaltensweisen sind nicht böswillig, sondern resultieren aus der starken inneren Sehnsucht geliebt zu werden und Beachtung sowie Gehör zu finden. Dieser Wunsch ergibt sich aus der verinnerlichten Überzeugung, sich nicht genügend geliebt zu fühlen, weil man in der Kindheit erfahren hat, dass man es nicht wert ist, geliebt zu werden, solange man sich nicht anpasst bzw. unterordnet. Daraus entsteht ein Kampf um Liebe und wenn man sie endlich erwischt, wird man sie nicht mehr loslassen wollen, um seinen eigenen Mangel auszugleichen. Damit engt man den anderen jedoch ein, erdrückt ihn und es kommt meist zum Bruch oder zu leidvollen, lieblosen Auseinandersetzungen. Das Fatale daran ist, dass dies wiederum die aus der Vergangenheit verinnerlichte Überzeugung bestätigt und dadurch ein verhängnisvoller Teufelskreis entstehen kann. Es sei denn, man vergibt sich und den anderen.

Warum ist es meistens so schwer,

sich selbst vorbehaltlos zu akzeptieren?

Es ist unser kapitalistisches Wirtschaftssystem, das von uns den ständigen Konkurrenzkampf fordert, der durch unsere Art der Erziehung sowie Bildung in Schule und Beruf bestätigt bzw. bedient wird. Dieses Konkurrenzdenken verinnerlichen wir unbewusst und damit bestimmt es unser gesamtes Leben, also auch unseren privaten

Bereich, unseren Umgang mit anderen Menschen und unseren Lebenspartnern. Bei uns selbst löst es die Gedanken aus, „ich muss schneller, besser, stärker, schöner, schlanker, flexibler etc. werden als bisher." Dieses Wettkampfdenken geben wir meist unbemerkt an unsere Kinder weiter. Lassen wir uns auf diesen Wettkampf ein, entsteht ein unweigerlicher Drang, andere zu übertrumpfen, um danach zu triumphieren. Und wenn ich ständig besser sein will, bedeutet es im Umkehrschluss, dass ich nie gut genug bin. Denn wenn wir gut genug wären, müssten wir uns ja nicht verbessern, oder? Verbessern ist in diesem System allerdings bezogen auf die Leistungsfähigkeit, das Aussehen, das Auftreten, unsere Rhetorik etc. Also alles Faktoren im „Außen." Diese Wettkämpfe enden immer mit Siegern und Verlierern.

Wie oft warst du schon Verlierer?

Wie hast du dich dabei gefühlt? .....Siehst du!

Was passiert dann in den allermeisten Fällen?

Man gibt resignierend auf, wird gleichgültig oder kämpft weiter, wie Don Quichotte gegen Windmühlen. Wenn man weiter kämpft, unterwirft man sich automatisch erneut dem Konkurrenzdruck mit all den bekannten Folgen. Es ist das, was ich gerne mit „Hamsterrad" bezeichne.

Jetzt wirst du mir möglicherweise entgegnen, dass es keine andere Wahl gibt. Doch, die gibt es!

Nämlich dann, wenn wir unsere innere Haltung, unsere Gedanken und Glaubensmuster ändern, wodurch wir zu neuen Überzeugungen gelangen können. Deshalb wächst eine immer größer werdende Gruppe von Menschen, die dies erkannt hat und sich beispielsweise für ein kooperatives Wirtschaftssystem der Brüderlichkeit politisch engagiert, in dem man sich gegenseitig bereichert, ohne dass jemand auf der Strecke bleiben muss. Dazu gehört auch die Kreislaufwirtschaft ohne Müll. Das schließt nicht den Wettbewerb der Fähigkeiten aus, sondern führt vielmehr zu einer gegenseitigen Förderung und Entfaltung der Potenziale zum Wohle aller. Dies ist eingebettet in die Idee von der sozialen Dreigliederung. Rudolf Steiner, ein österreichischer Theosoph und Reformpädagoge sowie der Begründer der Anthroposophie, beschreibt darin die Struktur einer neuen Gesellschaft, in der die gesamtgesellschaftlichen Prozesse in drei grundsätzlich verschiedenen, aber interdependenten, also voneinander abhängigen Bereichen stattfinden.

Die drei sozialen und organischen Ausrichtungen der Gesellschaft sind:

- das **Geistesleben**, welches Bildung, Wissenschaft, Religion und Kultur umfasst. In diesem Bereich geht es um die freie Entfaltung der individuellen Fähigkeiten der einzelnen Menschen und ihrer gegenseitigen Förderung.
- das **Rechtsleben**, in welchem die mündigen Menschen mit Hilfe von Gesetzen die allgemein-menschlichen Fragen des Zusammenlebens demokratisch regeln.
- das **Wirtschaftsleben**, welches auf vertraglichen Vereinbarungen basiert und Produktion, Handel und Konsumtion umfasst.

Sie werden als autonom und gleichrangig, aber unterschiedlich in ihrem Wesen beschrieben.

Jedem Hauptsegment wird ein Leitprinzip zugeordnet:

die Freiheit dem Geistesleben,
die Gleichheit dem Rechtsleben,
die Brüderlichkeit dem Wirtschaftsleben.

Können diese drei Gebiete sich selbstständig, ihrem Wesen gemäß entfalten, ist eine gegenseitige Ergänzung möglich, wodurch sie zusammen ein artikuliertes, anstatt ein monolithisches Ganzes bilden. Die Verwirklichung lebt von der Beteiligung der Menschen.

Wie wäre es, willst du auch dabei sein und mitwirken?

Wichtig ist zunächst, sich die ganzen Zusammenhänge und bisherigen Strukturen, in denen wir leben, bewusst zu machen. Erst wenn wir dadurch gedanklich das System hinterfragen und uns insoweit energetisch aus der eigenen Befangenheit herausnehmen, sodass wir uns in eine übergeordnete Beobachterrolle versetzen können, sind wir in der Lage, den wahren Kern unseres Selbst zu erkennen. So können wir uns dann als die wirkliche eigenständige Persönlichkeit annehmen, mit allen Stärken und Schwächen. Jeder Mensch ist wertvoll und gut, so wie er ist. Wir sind als Schöpfung vollkommen und müssen uns deshalb nicht einem System unterwerfen, das uns ständig den Eindruck vermittelt, wir seien nicht wertvoll genug.

Aber wenn wir vollkommen sind,

warum haben wir dann Stärken und Schwächen?

Weil das unsere gesamte Persönlichkeit als natürliches Lebewesen ausmacht. Außerdem sind diese Kategorien Zuschreibungen durch die Gesellschaft. Es ist letztlich eine Beurteilung dessen, was für gut oder weniger gut gehalten wird. Wir sind keine Maschinen, die perfekt funktionieren sollen, auch wenn wir immer mehr von ihnen umgeben sind und dadurch manchmal der Eindruck entsteht, als seien wir selbst welche. Die KI-Entwicklung vermittelt darüber hinaus, dass es erstrebenswert wäre, zur Maschine zu werden.

Der wesentliche Unterschied zwischen Vollkommenheit

und Perfektion liegt deshalb darin, dass wir ein natürlicher, göttlicher Organismus sind. Und alles Göttliche ist vollkommen.

„Perfekt" leitet sich von lateinisch „perfectus" ab, adjektivisches 2. Partizip von: perficere = **vollenden**, zu: per- (per) und facere = machen.

Was vollendet ist, ist abgeschlossen. Es gibt also danach keine Veränderung mehr. Wer demnach Perfektion anstrebt, will einen idealistischen, absoluten, endgültigen Zustand haben. Abgesehen davon, dass dies für einen Organismus unerreichbar ist, so lange er lebt, ist dies sehr unbefriedigend und frustrierend. Es fördert die Unzufriedenheit, weil man glaubt, es könnte noch besser werden. Der Fokus ist dabei auf ein bestimmtes Ziel gerichtet, nicht auf den jeweiligen Moment. Selbst wenn diese Perfektion erreichbar wäre, würde es das Ende des Lebens bedeuten.

Denn die Natur ist in einem ständigen Fluss, in einem ständigen Kreislauf, ist also niemals abgeschlossen. Sie unterliegt einer ständigen Veränderung und jeder Moment ist in sich vollkommen. Diesen Augenblick bewusst wahrzunehmen und zu würdigen, ist das Entscheidende.

Und warum sollen wir an uns arbeiten oder Dinge auflösen, wie uns spirituelle Lehrer immer wieder sagen?

Das steht doch im Widerspruch zur Vollkommenheit, oder?

Nein. Es erscheint einem im ersten Moment vielleicht als Widerspruch, wenn man es nur vom logischen Verstand aus betrachtet. Aber in Wirklichkeit schließt das eine das andere nicht aus. Ich möchte das mal vergleichen mit einem Fossil. Dieses versteinerte Wesen ist in seiner Vollkommenheit zunächst von außen nicht erkennbar. Erst wenn die Schieferplatten Stück für Stück behutsam entfernt werden, zeigt es sich pur in seinem wahren Glanz und seiner Vollkommenheit.

So ist es auch bei uns Menschen. Wir betreten vollkommen diese Welt, aber durch viele Prägungen, traumatische Erlebnisse und seelische sowie körperliche Verletzungen, haben wir eine unsichtbare Schutzschicht um uns herum angelegt, die unsere wahre Schönheit verbirgt. Und genau das wird zum Dilemma für uns, nämlich sich trotzdem so anzunehmen, wie wir gerade in diesem Moment sind. Denn es schwingen ja auch immer unsere Erfahrungen aus der Kindheit und dem weiteren Verlauf unseres Lebens mit, dass wir in irgendeiner Weise nicht gut genug sind und wir erleben ja auch oft genug Ablehnung. Wenn wir uns jedoch unserer inneren göttlichen Schönheit bewusst werden und dies erkennen, dann können wir uns auch mit unserem angesammelten Ballast annehmen. Das ist der erste entscheidende Schritt zur Entfaltung. Die nächsten wichtigen Schritte sind, den unnötigen Ballast abzuwerfen, sich zu entblättern und Hemmnisse sowie Widerstände aufzulösen. Es geht darum, die Liebe, die in uns steckt und immer da ist, von ihren Fesseln zu befreien, damit sie mit ihrer ganzen Kraft und Fülle wirken kann. Die Befreiung der Liebesquelle von diesen „Verstopfungen" führt wieder zu einem starken Liebesfluss. Diese Ent-Faltung als Geschöpf der Liebe nennt man auch inneres Wachstum, das unser Licht in vollem Glanz strahlen lässt, wodurch alles um uns herum entzündet und gewärmt wird.

Erst wenn wir diese Prozesse für uns selbst jeweils akzeptieren und kontinuierlich daran arbeiten, können wir auch immer mehr bedingungslose Liebe ausstrahlen sowie empfangen. Wer in Liebe handelt, hat auch die Fähigkeit, zu verzeihen. Eine wichtige Voraussetzung, um Wut, Hass und Neid sowie Eifersucht aufzulösen. Mit der Vergebung lasse ich eine leidvolle Vergangenheit los und kann dadurch meinen Blick auf das Hier und Jetzt konzentrieren.

Wichtig ist – wie bereits erwähnt - auch die Fähigkeit, sich selbst verzeihen zu können. Denn wenn ich mir selbst nicht verzeihen kann, fehlt mir ebenfalls die Bereitschaft bei anderen Menschen. Das gleiche gilt für Schuld. Suche ich für alle Vorfälle Schuldige, übernehme ich keine Verantwortung, bekomme aber trotzdem die Schuld gespiegelt. Handele ich eigenverantwortlich und in dem Bewusstsein, dass niemand perfekt ist, befreie ich mich von der eigenen Schuldenlast, die ich unbewusst angehäuft habe und kann dann auch das Verhalten anderer entschuldigen. Ich erkenne dadurch, dass Schuld in Wahrheit ein Kostrukt ist.

Sobald man sich mit sich selbst ausgesöhnt hat, kann man auch versöhnlich mit anderen umgehen. Sind wir von der Liebe zu uns selbst getrennt, werden wir auch immer bei anderen eine Trennung hervorrufen wollen.

Die wichtigste Beziehung ist daher zunächst die Beziehung zu sich selbst.

Über die Kraft der Liebe sind sich die meisten Menschen bewusst. Aber wie schwer fällt es vielen, das in die Praxis umzusetzen. Und erst recht, wenn es über die Liebe in Familie oder Lebensgemeinschaft hinaus geht. In Matthäus 5, Vers 44 der Bibel heißt es „Liebet Eure Feinde". Da kommt bei den meisten erst einmal Widerstand auf. Immer wenn in uns Widerstand entsteht, hat es etwas mit uns selbst zu tun, mit unseren eigenen Schatten, die noch zu bearbeiten und zu integrieren sind. Das, was ich bei anderen ablehne, lehne ich unbewusst bei mir ab, obwohl es vorhanden ist. Es besteht die Tendenz, die eigenen blinden Flecken, also das, was ich an mir selbst nicht mag, wegzudrücken. Erst die ganzheitliche Auseinandersetzung mit mir selbst, bringt mich zur Auflösung meiner Widerstände und zu innerem Wachstum, um mein höheres Selbst zur Entfaltung zu bringen.

Es bedarf deshalb also immer neuer Übung im Umgang mit Liebe.

Aus privaten Beziehungen wissen wir, welche positive Wirkung die Liebe hat. Die Kunst ist jedoch, die Liebe allgegenwärtig werden zu lassen. Aus Liebe handeln und in Liebe unsere Fähigkeiten sowie Fertigkeiten für die Gemeinschaft einbringen ohne Erwartungen, ist ein sehr wertvolles, erstrebenswertes Ziel und keine Utopie. Es ist umsetzbar, sobald wir es aus tiefstem Herzen wirklich wollen.

Wenn wir ohne Erwartungen sind, können wir auch dankbarer sein, für das, was ist! Die Fähigkeit zu Danken wirkt befreiend und heilend. Sie ist eine wichtige Voraussetzung, um Verzeihen zu können. Dankbarkeit ist eine Liebeserklärung an das Leben.

Mir fällt die fehlende Selbstliebe vieler Menschen auf und die damit einhergehende Verlustangst, die bei mir früher auch vorhanden war. Diese führt zu Stress, weil man immer gegen den vermeintlichen Verlust ankämpfen muss. Raff-Sucht, auch Gier genannt, kann daraus entstehen und ist ein kläglicher Versuch, diesen Mangel an Selbstliebe auszugleichen. Nach der Kirchenlehre ist Gier eine der sieben Todsünden. Die übrigen sind Hochmut, Wollust, Zorn, Völlerei, Neid und Faulheit bzw.

Ignoranz. Alle diese so genannten „Sünden" sind letztlich ein Zeichen für mangelnde Liebe.

Liebe, die den Verlust des Partners befürchtet, erzeugt zusätzlichen Druck sowie Konflikte durch Misstrauen. Dieses äußert sich in Eifersucht, wodurch letztlich die Liebe schrumpft und deren Fluss schlimmstenfalls versiegt.

Fühlen wir uns nur dann gut, wenn jemand uns liebt, machen wir uns abhängig. Wir sind im wahrsten Sinne Süchtige. Wir bekommen etwas Stoff vom anderen, aber nur, weil der wiederum hofft, etwas Stoff von uns zu bekommen. Beide glauben, der andere wäre ein Dealer mit einem großen Vorrat. Diese Abhängigkeit führt zu Verlustangst, die dann zu Eifersucht führt. Eifersucht ist kein Beweis für Liebe. Sie ist lediglich der Beweis für Angst und ein geringes Selbstwertgefühl. Die Beziehung endet, wenn der tatsächliche winzige Vorrat an Suchtstoff beider aufgebraucht ist. Man fühlt sich leer und ausgebrannt. Diese Leere und empfundene Aussichtslosigkeit wird dann oft durch Ersatzhandlungen im Außen (z.B. steigender Konsum oder Gebrauch von Drogen als neuer Suchtstoff) kompensiert.

Wer seinem Partner die Freiheit lässt, zeigt sein Vertrauen und sein Selbstbewusstsein. Dies geht jedoch nur, wenn man in sich selbst frei, ausbalanciert und im Frieden ist. Der Verzicht auf Machtspiele erschafft das Gefühl der Freiheit trotz Bindung. Innere Freiheit ist eine wichtige Voraussetzung, um Angst aufzulösen und das sorgt für Frieden.

Liebe schafft weder Leid noch Probleme. Nur unser Fordern, Wünschen und Denken über die Liebe.

„Du kannst auf vielerlei gesunde Weise ausdrücken, dass du deine Körperlichkeit ehrst. Schließe Frieden mit deinem Körper; akzeptiere ihn so, wie er ist; hege und pflege ihn; ernähre ihn gut; bewege ihn lustvoll; bewundere seine Schönheit; ehre ihn durch bequeme Kleidung; behandle ihn wie einen Tempel; fühle dich darin so wohl wie in einem Festsaal; bestaune ihn wie einen Palast. Es ist manchmal nicht einfach, mit dem eigenen Körper in Frieden zu leben, was bedeutet, sich mit einem Körper anzufreunden, der man ist und der man wieder nicht ist. Daher hat dieser Frieden etwas Paradoxes. Wir sind dazu eingeladen, unseren Körper zu lieben und zu nähren, als ob er ewig lebte, obwohl wir genau wissen, dass er verfallen wird und wir ihn am Ende unseres Lebens verlassen. Mit diesem Paradox umzugehen, ist eine schwierige spirituelle Aufgabe, aber nach dieser Wahrheit zu leben ist die höchste Form der Liebe, die man seinem unglaublichen Körper schenken kann. "

(Daphne Rose Kingma)

Liebe gedeiht nur durch Vertrauen

Vertrauen ist eine wichtige Voraussetzung, um lieben zu können. Hier ist nicht „blindes" unreflektiertes Unterwerfen gemeint, das zur „blinden" symbiotischen Liebe führen kann. Vielmehr geht es um Wachsamkeit, Achtsamkeit und Bewusstheit. Wer hinein spürt in Situationen sowie mit Herz UND Verstand darauf reagiert, wird ein „gesundes" Vertrauen entwickeln, das den jeweiligen Gegebenheiten angepasst ist. Es ist die Gewissheit, dass wir uns auf unseren inneren Kompass, unsere Intuition verlassen können, weil wir mit dem großen Ganzen verbunden sind.

In dem Wort „Vertrauen" steckt der Begriff „Trauen". Wir kennen ihn beispielsweise von der „kirchlichen Trauung". Da geben sich zwei Menschen das Ja-Wort, die sich etwas trauen, nämlich gemeinsam einen Weg in guten wie in schlechten Zeiten zu gehen. „Sich trauen" hat die Bedeutung von „mutig sein". Die Formulierung: „sich etwas zutrauen" macht dies sehr deutlich. Ich bin immer wieder verblüfft über die deutsche Sprache, die sehr ausdrucksstark und präzise ist sowie einen großen Schatz an Deutungsmöglichkeiten bietet, um Sachverhalte zu beschreiben. Wenn ich mir etwas zutraue, dann vertraue ich mir selbst. Ich vertraue darauf, dass ich etwas hinbekomme, erreiche und alles gut mit mir ist, wodurch ich mich auf meine Stärken konzentriere. Wenn ich mir vertraue, dann bin ich ehrlich zu mir, muss mich nicht verstecken und vermeide damit die Selbsttäuschung. Ich muss mich nicht aus Unsicherheit verstellen und bin dann im wahrsten Sinne des Wortes authentisch. Nur wenn Vertrauen in mir ist, kann ich anderen Menschen vertrauen. Hier finden wir wieder das Resonanzprinzip. Wie innen, so außen. Meine Haltung mir gegenüber spiegelt die Haltung anderen gegenüber wider. Das, was in mir ist, sende ich auch aus. Bin ich in Liebe, kann ich Liebe aussenden. Bin ich im Vertrauen, kann ich anderen trauen. Vergebe ich mir, kann ich meinen Mitmenschen verzeihen etc.

Landläufig herrscht die Meinung, dass ich jemandem vertrauen kann, der ausgesprochen oder unausgesprochen meine Erwartungen oder Ansprüche erfüllt. Mit Erwartungen begrenzen wir uns allerdings gegenseitig. Wir warten (bewegungslos) auf etwas, das nach unseren Vorstellungen eintreten soll, statt uns emotional den Geschehnissen des Lebensflusses hinzugeben und deren Herausforderungen anzunehmen. Die Welt richtet sich nämlich nicht nach unseren Ansprüchen.

Erwartungen mit einem verstandesmäßig gesteckten Ziel sind quasi eine geistige Vorwegnahme von Ereignissen, die eine ständige Kontrolle der Einhaltung bzw. des Eintreffens bedingen. Das macht nicht nur unfrei, sondern sorgt auch für wiederkehrende Enttäuschungen. Diese Enttäuschungen können dann Misstrauen auslösen, das wiederum den Kontrollwunsch verstärken kann. Auf Dauer macht das einsam.

Die Bedeutung von „echtem" Vertrauen geht hingegen viel weiter. Wenn ich jemandem vertraue, dann möchte ich sicher sein, dass ich mich auf meinen Partner verlassen kann und das gilt nicht nur in der Ehe oder Freundschaft, sondern in allen Situationen. Da es im Leben keine Sicherheit gibt, kann ich auch mal enttäuscht werden. Menschen sind nicht unfehlbar und manchmal sind sie sich über die Wirkung ihres eigenen Verhaltens gar nicht bewusst. Die Kunst ist, mit diesen traurigen Erfahrungen so umzugehen, dass wir erneut ins Vertrauen gehen können. Das ist wie bei einem Kind, das Laufen lernt. Es beherrscht das Laufen erst nach mehreren oder vielen Fehlschlägen. Trotzdem gibt es nicht auf, weil es sieht, dass andere es auch können. Nur weil es das Risiko des erneuten Scheiterns eingeht, kommt es zum Ziel. Scheitern bedeutet deshalb nicht Versagen, sondern eröffnet die Chance, sich weiterzuentwickeln.

Vertrauen hat auch mit meinem Selbst-Vertrauen zu tun. Ich kann aber durchaus anderen vertrauen ohne (ausreichendes) Selbstvertrauen. Dies ist möglich, wenn ich für mich keine Verantwortung übernehmen will. Damit begebe ich mich in die Hand des Anderen und mache mich abhängig. Der Andere kann mich dadurch manipulieren, ausnutzen bzw. benutzen. Und es gefällt mir vielleicht sogar, weil ich dann jemanden habe, dem ich unter Umständen die Schuld zuschieben kann. Dadurch finde ich Ausreden, wenn etwas in meinem Leben nicht gelingt und fühle mich somit für meine Handlungen nicht mehr verantwortlich. Das bedeutet allerdings, ich traue mir selber nicht. Derartiges Schein-Vertrauen ohne Selbst-Vertrauen führt dauerhaft unweigerlich zum Unglücklichsein.

Wenn ich wahrhaftig vertraue, dann kann ich auch wahrhaftig lieben. Ich stehe zu mir und meinem Handeln. Wenn wir uns selber vertrauen und uns selbst von Herzen lieben, sind wir fähig, andere zu lieben. Das bedeutet nicht, dass ich mich jedem fremden Menschen voll und ganz ausliefere. Sobald ich meinem inneren Bauchgefühl folge, weiß ich sehr genau, wie weit ich in bestimmten Situationen mein Liebesventil oder meinen Raum öffnen kann.

Nur wenn wir Liebe in uns leuchten lassen, können wir Liebe nach außen geben. Dadurch sind wir nicht abhängig davon, dass wir Liebe in einer bestimmten Form, zu einer festgelegten Zeit oder von einer auserwählten Person erhalten. Das erhöht die Freiheit in unserem Leben. Und wir befreien auch unser Umfeld vom Zwang, uns in einer bestimmten Art und Weise Liebe zu schenken. Damit werden wir in die Lage versetzt, Liebe so zu empfangen, wie sie ausgesandt wurde. Sobald uns das alles bewusst ist, werden wir automatisch unabhängiger. Wir können unsere Liebe verschenken, ohne dass wir Bedingungen oder Erwartungen daran knüpfen. Wahre Liebe ist bedingungslos. Ansonsten ist es keine echte, vollständige Liebe, sondern nur eine Illusion, ein Aspekt bzw. ein Schatten von Liebe. Wahre Liebe tut auch nicht weh! Wahre Liebe kostet nichts und sie schränkt nicht ein. Sie fließt einfach und wächst im Geben.

Sobald ich Liebe festhalten will, halte ich in Wirklichkeit lediglich eine Person oder Sache fest. Ein Mensch wird sich dadurch irgendwann eingeschränkt fühlen. Und wer eine Enge spürt, will sich früher oder später von diesen Fesseln befreien. Der Leidensdruck in der Beziehung wächst und damit wird das Sichtfeld schmaler, wie durch Scheuklappen. Und mit Scheuklappen sehe ich nicht mehr alle Optionen, die sich mir im Leben anbieten. Ich erkenne auch nicht mehr, dass mein Gegenüber ebenfalls leidet, es aber selbst (noch) nicht erkannt hat. Ich begreife dann nicht die Chance, aneinander zu wachsen, zu reifen und sich gegenseitig zu Ent-Wickeln.

Wenn ich eingeengt bin, dann sehe ich nur noch, was sich mir als Nächstes anbietet. Und oft ist dies nicht die beste Option für meinen weiteren Lebensweg, sondern lediglich diejenige, welche ich bereits kenne. Das kann auch eine schlechte Option sein. Möglicherweise hat das mit meiner Vergangenheit zu tun, meinem Ego, meinen starren Vorstellungen oder Wünschen.

Wir wählen oft das bekannte „Schlechte", aus Angst vor der Ungewissheit. Damit entscheiden wir uns gegen das unbekannte „Gute" und verpassen eventuell wertvolle Chancen für eine Weiterentwicklung in unserem Leben.

Entwicklung bedeutet die Wandlung von Wunden in Wunder!

Durch Bindung entsteht Freiheit

Ab Mitte des 19. Jahrhunderts wurden führende Kinderärzte auf die Problematik der Findelhäuser aufmerksam. Damals prägten die Mediziner den Begriff „psychischer Hospitalismus". Trotz guter hygienischer Bedingungen war nämlich die Säuglingssterblichkeit in Säuglingsheimen besonders hoch, in denen es an Zuwendung fehlte. Diejenigen, welche überlebten, zeigten im Laufe des Heranwachsens starke Verhaltensauffälligkeiten. Sobald sich das Pflegepersonal den Säuglingen mit Körperkontakt ausreichend widmete, ging die Sterblichkeit erheblich zurück. Diese damalige Beobachtung ist ein klares Indiz dafür, wie wichtig Geborgenheit (Bindung), menschliche Wärme und Zuwendung (Liebe) für eine gesunde menschliche Entwicklung ist. Als Säugling und Kleinkind braucht es viel körperliche Berührung, die Möglichkeit zur Nachahmung, Lob und ein Zugehörigkeitsgefühl zur Familie. Denn wir sind soziale Wesen, deren Urvertrauen gestärkt werden muss, werden jedoch gesellschaftlich auf Egoismus, Misstrauen und trennende Konkurrenz getrimmt.

Wir kommen voller Ur-Vertrauen und in vollkommener reiner Liebe auf diese Welt. Wir sind Liebe. In allem und jedem ist der Kern der Liebe enthalten. Es ist die Essenz der Schöpfung.

Ein Säugling strahlt uns die vollkommene Liebe entgegen. Als Erwachsene bewundern wir diese Reinheit und Klarheit, die das junge Leben aussendet.

Doch was passiert mit uns Menschen im Laufe unseres Lebens auf dieser Erde? Wir werden erzogen und lernen, dass wir (in aller Regel) nicht bedingungslos geliebt werden, sondern mehr oder weniger Erwartungen erfüllen und Regeln beachten sollen, um anerkannt und geliebt zu werden. Es sind die gesellschaftlichen Konditionierungen, welche von Generation zu Generation weitergegeben werden. Sehr oft wird Liebe mit Respekt verwechselt. Kindern bringt man gerne bei, Respekt zu zeigen. Wie man sich und seine Mitwelt liebt, ist schwer zu vermitteln, wenn es die Eltern selbst nicht erlebt haben oder Liebe mit Schmerz und Enttäuschung verbinden. Allumfassende, ganzheitlich ausgerichtete Liebesschulen gibt es leider nicht. Ist das nicht merkwürdig? Am Markt tummeln sich nur Einrichtungen, die sich lediglich auf die sexuelle Ebene beschränken oder die Teilbereiche mit geistig-philosophischer Ausrichtung abdecken.

Aufgrund dieser ersten schmerzhaften Erfahrungen mit unseren primären Bezugspersonen legen wir in der Kindheit einen schützenden Mantel um unsere Liebe und entwickeln Strategien, wie wir mit dem mangelnden Liebesfluss umgehen. Das Fatale daran ist, dass wir dies unbewusst tun und das Ergebnis für unser „wahres Ich" halten, wodurch wir dies in das Erwachsenen-Dasein übernehmen.

In dem Begriff „Er-ziehung" steckt das Wort „Ziehen" und so verläuft diese Zeit oftmals in der Weise, dass Kinder in alle möglichen Richtungen gezogen werden, statt die natürliche Entwicklung zu fördern und zu begleiten. Viele Eltern reglementieren ihre Kinder lieber, strafen sie manchmal mit Liebesentzug, statt der Liebe ausreichend Raum zu geben. Dadurch deckeln die Erwachsenen nicht nur deren Potenzial, sondern die Liebe wird von den Kindern als ein schwächendes Gefühl erlebt, das sie hilflos macht. Durch unangemessene Reaktionen der heiß geliebten, übermächtigen Schutzpersonen ist ihre ursprüngliche Offenheit und gesunde, natürliche Liebe enttäuscht, gekränkt und zu etwas Schmerzhaftem verkommen. Daher vermeiden sie als Erwachsene in vielen Fällen Nähe und bindende Gefühle. Mit dieser „Strategie" versuchen sie die Kontrolle über sich selbst und den Partner zu behalten. Oder sie verfallen in eine übermäßige Sehnsucht nach Liebe, weil sie nie genug Anerkennung und Wertschätzung erfahren haben. Durch unsere Liebesbeziehungen versuchen wir die alten Wunden der Kindheit zu heilen und geraten dabei paradoxerweise an Menschen, die ähnliche leidvolle Erfahrungen gemacht haben. Da der Partner uns heilen soll, kann er jedoch nicht um seiner selbst willen geliebt werden. Das führt zu Verstrickungen und Vorwürfen.

Es gibt auch Kinder, denen nie gesunde Grenzen gesetzt werden. Deren Eltern können der typischen trotzigen Reaktion ihrer Kinder nicht standhalten. Dadurch lernen sie nicht, sich sozial zu verhalten und werden so leicht zu Narzissten. Sie entwickeln nicht das Gefühl für rücksichtsvolles, wertschätzendes, empathisches menschliches Miteinander, welches wichtig ist, um später in einer Gruppe akzeptiert und anerkannt zu werden. Viele Eltern haben auch Angst, die Liebe ihres Kindes zu verlieren, wenn sie konsequent Grenzen setzen. Sie überschütten das Kind mit einer übertriebenen „Affenliebe", die sich darin äußert, dem Kind jeden Wunsch zu erfüllen. So werden kleine Prinzessinnen und Prinzen „herangezüchtet", die selbstverständlich davon ausgehen, sie seien der „Nabel der Welt", sodass alle Menschen um sie herum ihre Erwartungen erfüllen müssten und sich nur nach ihren Bedürfnissen zu richten hätten. So entsteht krankhafter, rücksichtsloser Egoismus.

Auch kumpelhaftes Verhalten der Eltern fördert nicht die nötige Wertschätzung und den Respekt voreinander, der für die jungen Menschen noch zu erlernen ist. Es verunsichert die Kinder obendrein, weil sie aufgrund der gleichrangigen Begegnung an der Schutzfunktion ihrer Eltern zweifeln. Es macht nun mal einen Unterschied, ob man sich auf gleicher Ebene die Hand hält, oder die Eltern dem Kind die Hand reichen, um Hilfe zu leisten oder es vor Gefahren zu beschützen.

Warum ist die einfühlsame, achtsame und

wertschätzende Begleitung von Kindern

in den ersten Lebensjahren so bedeutungsvoll?

Im Unterschied zu Tieren dauert beim Menschen die Phase der absoluten Angewiesenheit auf seine Artgenossen – in herkömmlichen Familienstrukturen sind dies die Eltern – extrem lange. Biologisch gesehen spricht man deshalb vom Menschen als physiologischer Frühgeburt. Ein Neugeborenes kommt nämlich im Vergleich zu den Tier-Jungen völlig unfertig auf die Welt. Nicht einmal die embryonale Entwicklung ist bei der Geburt vollständig abgeschlossen. Dazu bedürfte es einer Schwangerschaft von 21 Monaten. Alles, was das Kind zum selbstständigen Überleben braucht, entwickelt sich erst innerhalb von Jahren durch Reifung und Lernen außerhalb des Mutterleibes. Durch die Trennung von der schützenden inneren

Geborgenheit, ist eine emotionale Bindung zur Mutter bzw. zu der ersten Bezugsperson von elementarer Bedeutung. Als physiologische Frühgeburt ist der Mensch angewiesen auf soziale Kontakte und offen für die Einflüsse der Umwelt, somit auch entsprechend beeinflussbar. Diese Offenheit wiederum ist die Voraussetzung für das Lernen und bedeutet eine große Chance zur Evolution. Sie kann vorangetrieben werden durch das schlummernde Potenzial des noch nicht ausgereiften Gehirns, welches ein Wachstum des Bewusstseins ermöglicht und dadurch neue Türen für Erfahrungen öffnet, die dem Tier durch die feste programmierte Bindung an die Natur verschlossen bleiben. Das birgt allerdings gleichzeitig Risiken für Fehlentwicklungen beim Menschen beispielsweise durch Vernachlässigungen des Kindes oder desolate gesellschaftliche Verhältnisse. Die Krux ist, dass der Säugling sich unbewusst auf die ihn gestellten Bedingungen seiner Versorger einlässt, um zu überleben, wodurch er sozusagen aus der bedingungslosen Liebe herausfällt und in Abhängigkeit gerät. Diese Prägungen und Programmierungen werden genauso unbewusst in das Erwachsenendasein übernommen und können erst durch Bewusstseinsarbeit bzw. Traumatherapien wieder aufgelöst werden, um dadurch zur wahrhaftigen Liebe zurückzukehren.

Ich verurteile hier nicht das Verhalten der Eltern, bin schließlich selbst Vater und weiß, wie sehr man in sich gefangen sein kann, ohne es zu bemerken und deshalb unbewusst eigene anerzogene, beschränkende Muster weitergibt. Deshalb wäre es gesellschaftspolitisch so wichtig, die Eltern in ihrer Eigenschaft zu fördern und unterstützen. Aber niemand unterrichtet uns zur Erfüllung dieser zentralen sozialen Aufgabe. Vielmehr bindet die Politik Eltern lieber in den Arbeitsprozess der Wirtschaft ein und verlagert die Betreuung der Kinder in staatliche

Institutionen, damit sie für die Erwerbsarbeit normiert werden können.

Interessant ist, als ich Vater wurde, erinnerte ich mich plötzlich an manche Situation meiner eigenen Kindheit, in der ich für das Verhalten meiner Eltern damals kein Verständnis hatte. Heute kann ich als betroffener Elternteil vieles besser verstehen und stelle auch fest, dass ich zum Teil ähnliche Verhaltensmuster hatte bzw. noch habe, die ich damals bei meinen Eltern kritisierte oder sogar ablehnte. Deshalb ist es wichtig, möglichst bewusst und achtsam mit Wertschätzung liebevoll seine Kinder zu begleiten sowie sein eigenes Verhalten zu hinterfragen. Ich verwende für das, was heute noch als „Erziehung" bezeichnet wird, lieber den Begriff: „unterstützende, fördernde Wegbegleitung." Das bedeutet, die intrinsische Motivation, die Spontanität sowie das Forschende bei Kindern zu stärken.

Das, was wir uns in aller Regel nicht ausreichend bei dieser Begleitung nehmen, ist Zeit. Die meisten Eltern sind heute beide berufstätig, verbringen den Tag überwiegend außerhalb ihres Zuhauses am Arbeitsplatz und währenddessen wird die notwendige Zuwendung für die Kinder durch kontinuierlich anwesende Bezugspersonen oftmals ersetzt durch staatliche Betreuungsinstitutionen mit einhergehender Beziehungslosigkeit.

Homeoffice kann die Konflikte zwischen Eltern und Kindern noch verstärken. Während Kinder durch die körperliche Anwesenheit der Eltern davon ausgehen, sie seien für sie gleichzeitig emotional sowie verbal ansprechbar, müssen sich die Eltern am Bildschirm auf ihre Arbeit konzentrieren, sich daher räumlich abgrenzen und entwickeln dadurch möglicherweise ein Schuldgefühl, ihre Kinder zu vernachlässigen.

Ein ganz zentrales Anliegen der Eltern, aber auch generell bei zwischenmenschlichen Beziehungen sollte deshalb sein: Kinder brauchen die Zuwendung ihrer Eltern und das geht nicht, wenn diese dauernd gestresst und (zeitlich) überfordert sind.

Wer mehr Zeit hat, kann sich mehr reflektieren. Und eine stärkere Selbstreflexion führt zu mehr klarer Bewusstheit. Ein erweitertes Bewusstsein lässt unser Selbstbewusstsein wachsen und dieses ermöglicht ein besseres, intensiveres Leben im Sein. Dies wiederum stärkt die Chance, Unbewusstes bewusst zu machen sowie eingefahrene Denk- und Handlungsmuster zu hinterfragen, um sie schließlich zu ändern. Damit machen wir den Weg zum wahren, höheren Selbst frei.

Aufgrund unserer eigenen anerzogenen Verhaltensmuster trainieren wir unsere Kinder zu trennendem, abgrenzenden Denken, weil uns dies als Individuum eine Orientierung und Zuordnung von Erfahrungen verschafft. Es ist sozusagen der Preis, den wir zahlen, um uns über unser persönliches „Ich" bewusst werden zu können. In bestimmten Situationen ist dies zwar dienlich, wenn beispielsweise ein Kind lernt, dass es nicht gut ist, auf die heiße Herdplatte zu greifen. Es begrenzt uns aber im Denken durch Kategorisierung und Klassifizierung. Wir trennen zwischen Gut und Böse, zwischen Richtig und Falsch, zwischen Normal und Unnormal und entscheiden uns, das vermeintlich Böse, Falsche und Unnormale abzulehnen und zu bekämpfen. Unser traditionelles Denken pendelt daher zwischen den Polen „Entweder" bzw. „Oder".

Indem wir eine für uns „richtige" Position einnehmen, wird der Andersdenkende sehr schnell zum Feind oder Gegner, den man bekämpfen, bekehren, überzeugen oder ausgrenzen will. Das führt zugleich zum Krieg in uns selbst, denn auch in uns gibt es Gegensätzliches und Widerstrebendes. Vielen Menschen fällt es schwer, anzuerkennen, dass ein „sowohl - als - auch" eher der übergeordneten Wahrheit entspricht und somit zu einem friedlicheren Weg für sich und die Mitwelt führen könnte. Gleichzeitig würden wir uns gegenseitig von unseren inneren Lasten, insbesondere von Wut befreien.

Orientierung durch Begleitung, „das Kind an die Hand nehmen, bis es allein gehen kann", entspricht meiner Vorstellung. Dabei kommt es vor allem darauf an, ethische Werte vorzuleben. Das bedeutet, in Liebe zu zeigen, dass wir alle als Bestandteil der Natur (Schöpfung) miteinander verwoben sind und deshalb mit Achtsamkeit, Mitgefühl und Wertschätzung allen Lebewesen und allem was ist, begegnen sollten. Die innere, emotionale Bindung der Eltern zu ihren Kindern ist hierfür die beste Voraussetzung, um diese Botschaft authentisch zu vermitteln. Je mehr die Eltern ihr Bewusstsein entwickelt haben und sich selbst in Liebe annehmen können, ohne Erwartungen an andere zu haben, desto besser und freier werden Kinder fit für das Leben. Denn die Bindung stärkt die innere Orientierung und Struktur des Heranwachsenden. Nur durch einen inneren Kompass der Liebe können wir uns selbst finden und somit eigenverantwortlich und frei handeln. Fehlt uns diese zwischenmenschliche Bindung, sind wir unzufrieden, unfrei und dadurch hilflos ausgeliefert, wie ein Fähnchen im Wind sowie manipulierbar. Ohne oder mit unzureichender Bindungserfahrung ist das Urvertrauen nicht stark genug, wodurch wir Gefahr laufen, in die Angstfalle zu tappen, die im Außen lauert. Wer im äußeren Geschehen und Chaos Halt sucht, wird immer wieder enttäuscht, weil es in der Außenwelt keine Sicherheit gibt. Die können wir nur in uns selbst finden.

Insbesondere in den ersten drei Lebensjahren eines Kindes ist es wichtig, das Urvertrauen durch feste Bezugspersonen zu stärken. Grundsätzlich hat das Kleinkind bei gesundem Bindungsverhalten eine primäre Bezugsperson – in aller Regel die Mutter. Diese Person kann das Kind am schnellsten beruhigen, bei ihr fremdelt es nie und fühlt sich geborgen. Wenn es von dieser primären Bezugsperson getrennt wird, reagiert es mit Angst, Weinen und Schreien.

Weitere (sekundäre) Bezugspersonen können dem Kind ebenfalls dieses Gefühl von Sicherheit vermitteln. Allerdings ist hierfür ein langer Prozess der Gewöhnung nötig, in der die (zukünftige) Bezugsperson dem Kind durch feinfühliges, promptes und zuverlässiges Reagieren auf seine Bedürfnisse eine entsprechende Vertrauensbasis schafft. Nur dann kann das Kind auch andere Personen als Bezugspersonen akzeptieren. Da diese Gewöhnung viel Zeit und Aufmerksamkeit erfordert, erfüllen diese Positionen meist die Personen, die mit Mutter und Kind im gleichen Haushalt leben – meist der Vater und gegebenenfalls ältere Geschwister oder Großeltern.

Nach einer gewissen Zeit ist es solchen sekundären Bezugspersonen möglich, das Kind eine Weile zu beaufsichtigen, ohne dass es Verlustängste erleidet. Meist fällt dieser Zeitpunkt mit dem Erlernen des Krabbelns und Laufens zusammen. Das Baby beginnt nun von sich aus, den Abstand zur primären Bezugsperson immer mehr zu erweitern. Gleichzeitig hat es gelernt, dass es sich auch auf die sekundären Bezugspersonen gut verlassen kann.

In bestimmten Situationen – zum Beispiel bei Krankheit, Verletzung oder Schmerzen (z.B. durchs Zahnen) – gelingt es aber auch den sekundären Bezugspersonen nicht immer, das Kind zu beruhigen. Es braucht dann so schnell wie möglich den Kontakt zur primären Bezugs-person, also in aller Regel die Mutter. Andernfalls leidet das Vertrauen des Kindes in seine Bezugspersonen ganz generell. Die Kontinuität an Bezugspersonen ist ein wichtiger Grundstein für die spätere Bindungsfähigkeit der Kinder.

Diese Kontinuität an Bezugspersonen kann eine externe Betreuungseinrichtung nicht leisten. Zum einen reicht dazu der Personalbestand nicht aus. Eine konstante Betreuung durch eine Person lässt sich andererseits allein schon durch Urlaubs- und Krankheitszeiten sowie eventuellem Schichtdienst oder Teilzeitbeschäftigung der Betreuerinnen nicht gewährleisten. Und hier schließt sich der Kreis. Kinder, die zu wenig Zuwendung und Liebe erfuhren, haben später oftmals Probleme, Bindungen einzugehen sowie Liebe zu leben. Sie fühlen sich innerlich unfrei, ja vielleicht sogar leer und glauben ihre Freiheit in der äußerlichen vermeintlichen Unabhängigkeit als Single zu finden.

Zur Persönlichkeitsentwicklung des Kindes gehört auch der natürliche Abnabelungsprozess. Selbst wenn das Verhältnis zwischen Eltern und Kindern gut ist und von Liebe umhüllt, verläuft dieser nicht immer ohne Kummer. Manchmal kann es sogar sein, dass er nicht wirklich gelingt. Meist sind es die Mütter, die ihre Kinder nicht vollständig loslassen können. Nach neun Monaten als Teil ihres Körpers, sind die Kinder auch danach mehr als zehnmal häufiger mit der Mutter zusammen, als mit dem Vater oder anderen Menschen. Dadurch kommt es oft im höchsten Maße zu Verstrickungen, insbesondere zwischen Müttern und Söhnen. Die enge Beziehung zur Mutter in der Kindheit mit völliger psychischer und physischer Abhängigkeit führt bei den meisten Kindern zu einer Art

Hass-Liebe mit ihr, die den wenigsten bewusst ist. Von den Müttern, aber auch den Vätern haben Söhne und Töchter geballte Energien übernommen, wie Ängste, Schuld, Scham, Ohnmacht sowie andere Verhaltensweisen. Beispielsweise das Verurteilen von Männern oder das Benutzen der Frauen als Lustobjekt. Diese verinnerlichten Haltungen können sich massiv auf das Lebensgefühl bzw. die Liebesfähigkeit der Heranwachsenden und ihrer späteren Partner auswirken. Daher ist es notwendig, diese Energien zu bearbeiten und aufzulösen, indem man sie sich zunächst bewusst macht. Danach können sie u.a. in einer Familienaufstellung oder durch andere Heilungswege transformiert bzw. mental „zurückgegeben" werden. Meine Erfahrung lehrt mich, dass Menschen ihre in sich vergrabene Liebe jederzeit befreien und heilen können, wenn sie es wollen. Unabhängig von den jeweiligen primären Sozialisationsprägungen.

Dennoch sind eine gesunde Bindungserfahrung sowie eine zeitgerechte Abkoppelung von den Eltern hin zu einem eigenverantwortlichen, reifen Erwachsenwerden wichtige Voraussetzungen für eine feinfühlige Empathie-Fähigkeit. Je mehr und sensitiver wir tief fühlen können, umso selbstbestimmter, authentischer und eigenverantwortlicher können wir handeln sowie unsere klare Haltung vertreten. Außerdem erleben und spüren wir dadurch klarer die Verbundenheit, mit allem, was ist.

Wir leben allerdings in einer Gesellschaft der Arbeitsteilung. Familie, Beruf, Haushalt und Freizeit erfordern ein Höchstmaß an Organisation. Es ist nicht nur so, dass Jeder heute - trotz Kindern - weiterhin seinen Hobbys, Interessen sowie der Selbstverwirklichung im Beruf nachgehen will. In dieser insgesamt reichen Gesellschaft ist man zunehmend darauf angewiesen, dass sowohl Vater als auch Mutter durch ihre gemeinsame Erwerbstätigkeit für den notwendigen Lebensunterhalt sorgen müssen, weil die Erwerbseinkommen im Verhältnis zu den explodierenden Kosten immer geringer werden. Das hat – begleitet durch die Medien - dazu geführt, dass der Ruf nach Betreuungseinrichtungen immer stärker wird und die Politik diesem Ruf folgt, weil sie selbst ein Interesse daran hat, um eine Staatsabhängigkeit zu schaffen, anstatt die Verhältnisse durch eine gemeinwohlorientierte Umstrukturierung und Weiterentwicklung des Wirtschaftssystems zu ändern.

Oder sind es etwa ideologische Gründe der Politik, die diesen Trend vorantreiben und die Mainstream-Medien unterstützen sie dabei?

Die Tatsache, dass viele junge Menschen bereits im Säuglingsalter in Kindergrippen waren und bis zum Hochschulabschluss ununterbrochen im staatlichen Bildungssystem verbracht haben, zeigt ihre Wirkung. Je länger sie in diesem System verweilen, desto größer ist die Gefahr des Konformitätsdruckes und der Obrigkeitshörigkeit. Die Corona-Zeit hat gezeigt, dass insbesondere Doktoren und Professoren besonders anfällig für die aufgetischten Lügen waren, weil sie nichts hinterfragt haben.

Ich glaube, es gibt etliche Eltern, die ihre Kinder wegen der emotional starken Bindung lieber selbst betreuen wollen, anstatt sie in anonyme Betreuungs-Einrichtungen zu geben. Notwendig hierzu ist jedoch eine größere finanzielle Unabhängigkeit, die eine freie Wahl ermöglicht. Da das Recht auf Existenzsichernde Arbeit durch zunehmende Automation nicht mehr gewährleistet werden kann, brauchen wir ein Grundrecht auf Einkommen. Die Einführung eines Bedingungslosen Grundeinkommens wäre auch unter diesem Aspekt ein sinnvoller Lösungsansatz. Familien könnten damit finanziell erheblich gestärkt und somit unabhängiger werden. Die Eltern hätten mehr Zeit für ihre Kinder, weil sie für einen gewissen Zeitraum die Erwerbstätigkeit in den Hintergrund stellen könnten. Da das Grundeinkommen jeden Monat in gleicher Höhe gewährt wird, wären die Einkommenseinbußen bei der Aufnahme einer Teilzeitarbeit unterm Strich wesentlich geringer als heute. An dieser Stelle verweise ich auf mein Buch: „Das Bedingungslose Grundeinkommen - Irrweg? oder Ausweg? Es geht um unsere Würde!" Darin ist auch ein eigenes Finanzierungskonzept enthalten.

Die Tatsache, dass die politisch Verantwortlichen bis heute kein Bedingungsloses Grundeinkommen eingeführt haben, obwohl dies rund 50 Prozent der Bevölkerung befürworten, beweist, dass sie andere Interessen verfolgen.

Der Kern unseres Lebens besteht aus Beziehungen und wechselseitigem Austausch. Wenn dies nicht ehrlich, aufrichtig und authentisch geschieht, bleiben Begegnungen immer oberflächlich, unver-**bind**-lich und geben einen Schein vor, der nicht dem wahren Sein entspricht. Unsere Gesellschaft reduziert Kommunikation vor allem auf Zweckerfüllung, nämlich um egoistische Ziele zu verfolgen, wie Profitmaximierung oder um als „Roboter" und Rädchen im Getriebe des Systems reibungslos zu funktionieren. Somit steht nicht die transparente Kommunikation zur Klärung und Vertiefung einer Beziehung im Fokus, sondern äußere Pläne und Visionen. Damit bleiben jedoch auch gutgemeinte Visionen letztlich nur Illusionen einer in sich gefangenen Scheinwelt, die von der Beziehungsebene zwischen den Menschen abgekoppelt ist.

Solange wir Methoden wie „Ehrliches Mitteilen" einfach auf unseren traumatisierten Zustand aufstülpen, werden wir nicht wirklich authentisch miteinander umgehen. Im Untergrund brodelt es weiterhin, wodurch es an Leichtigkeit und innerer Gelassenheit fehlt. Erst wenn wir aus unserer Liebe heraus agieren, können wir uns in der Tiefe begegnen und spüren, dass wir im Grunde alle ähnliche Grundbedürfnisse und ähnlich leidvolle Erfahrungen in uns tragen, was das Verständnis füreinander stärkt.

Es kommt daher darauf an, unser Fühlen wieder frei in Liebe fließen zu lassen. Sobald wir uns diesem Fluss hingeben, können wir spüren, dass alles von Liebe durchdrungen ist.

Bereue nichts!

Für manche hat diese Überschrift sicherlich einen provokanten oder missverständlichen Beigeschmack. Denn unter „Reue" versteht man landläufig ein tiefes Bedauern über eine als übel, unrecht oder falsch erkannte Handlungsweise. Es stellt sich allerdings die Frage, ob man tatsächlich bereit ist, nach dem Erkennen einer Handlung auch einen tiefen Erkenntnisprozess für sich einzuleiten, der emotional spürbar wird und damit zu einer neuen Ausrichtung führt oder einfach nur ein unberührtes Bedauern ausspricht. Letzteres wäre Heuchelei und würde an der bisherigen Haltung nichts ändern, sodass es zu wiederholten ähnlichen Handlungen kommt.

Gerade in dieser Zeit der großen Umbrüche ist es aus meiner Sicht besonders wichtig, frühere Entscheidungen und Überzeugungen in unserem Leben nicht zu bereuen, sobald wir zu neuen Erkenntnissen gelangt sind. Eine Reue würde in diesem Zusammenhang nämlich einer Selbstverurteilung gleichkommen. Es entstünde ein Zwiespalt, etwas ungeschehen machen zu wollen, was geschehen ist und deshalb nicht getilgt werden kann. Wichtiger für den bewussten Erkenntnisprozess ist es vielmehr, sich selbst gegenüber einzugestehen, dass mit dem damaligen Bewusstsein bzw. Wissensstand keine andere Entscheidung möglich war. Das ist kein Freibrief. Mit dieser ehrlichen Akzeptanz wird hingegen Raum geschaffen, einen unbelasteten, freieren Bewusstseinsprozess in Gang zu setzen, der einen weiteren Blickwinkel ermöglicht, um bisherige Haltungen zu überdenken und neu zu betrachten. Es gehört mehr Mut dazu, Entscheidungen und Meinungen zu revidieren, als an ihnen festzuhalten, weil man glaubt, ansonsten sein Gesicht zu verlieren. Diese mutige Einsicht bedeutet wahre Stärke und ist ebenfalls eine Form von Selbstliebe.

Wir dürfen nun in diesem Transformationszeitalter nochmal so richtig lernen, Altes, uns nicht mehr Dienliches gehen zu lassen und uns neu auszurichten, um danach voller Vertrauen geschehen zu lassen. Gleichzeitig dürfen wir dafür danken, dass uns das Alte einmal gedient hat.

Alles wird aufgewirbelt, in Frage gestellt und sortiert sich nun in dieser Zeit neu, was eine besonders hohe Flexibilität von uns abverlangt. Da waren alle anderen Lebens-Übungen vorher nur ein Klacks dagegen. Es kann sehr leicht passieren, dass dein aktuelles Weltbild unheimlich schnell über den Haufen geworfen wird, wenn Dinge ans Tageslicht kommen, die du niemals für möglich gehalten hättest.

Der Wandel in dieser neuen Ära erfordert mehr Weitsicht, Neuorientierung, Spontanität, Kreativität und Beweglichkeit von uns, als jemals zuvor. Wer in seinen alten Gewohnheiten und Sichtweisen verharrt, der kann daran zerbrechen, weil er mit seinem erstarrten Blick und den verinnerlichten Konzepten sowie Programmierungen samt Vorurteilen die Welt nicht mehr verstehen wird. Ein Wegschauen, sich Verweigern oder Leugnen der Tatsachen, wird als Strategie immer erfolgloser werden und zur Vereinsamung sowie innerer Leere führen. Ich stelle mir das vor, wie die Orientierungslosigkeit bei Dementen.

Übrigens haben wir nicht von ungefähr eine Zunahme von Demenzerkrankungen in den letzten Jahren. Im übertragenen, höheren Sinne ist das – neben körperlichen Ursachen – eine innere (unbewusste) Verleugnung der Realität.

Es geht künftig immer weniger um „Richtig oder Falsch," „Dafür oder Dagegen," sondern darum, zu erkennen, was stimmig für mich ist. Das kann ich nur mit meinem Herzen, meinem Bauchgefühl bzw. meiner Intuition erspüren. Das Erspürte darf der Verstand dann mit Lösungen umsetzen. Auf diesem Weg zum verstärkten Fühlen gibt es auch Irrungen, Verwicklungen und Verwirrungen, wenn wir dem kontrollierenden, angstbesetzten Verstand zuviel Macht gegeben haben oder in anderer Weise blockiert bzw. verführt waren. Das gehört jedoch zu unserem persönlichen Entwicklungsprozess dazu. Da gibt es nichts zu bereuen.

Je nach persönlicher Entfaltung und innerem Wachstum kann das, was mir mal diente, heute nicht mehr dienlich sein. Würde ich das Vergangene bereuen, wäre dies eine Leugnung meiner bisherigen Lebenswirklichkeit, meines Lebensweges mit dem entsprechenden Weltbild. Damit würde eine Welt für mich zusammenbrechen, weil ich mich in dem Moment selbst dafür verurteile, was ich bisher in meinem Leben gedacht oder getan und für richtig gehalten habe. Doch all das gehört zu meinem Leben mit dem individuellen Entwicklungsprozess sowie meinem Erfahrungsschatz, der mich zu dem gemacht hat, was ich jetzt bin. Reue würde dazu führen, dass ich einen Teil meiner Persönlichkeit abschneide und zerstöre.

Wenn wir die Wahrheit aus der Tiefe der Wahrhaftigkeit unserer Seele sehen wollen, wird sie sich uns zeigen. Wir werden sie fühlen und dadurch wahrnehmen. Und sie wird uns am Ende immer mit Leichtigkeit erfüllen.

Der Beginn der Erleichterung besteht manchmal nur darin, uns selbst gegenüber einzugestehen: "Ich weiss dieses oder jenes nicht", "Ich wurde getäuscht", oder "Ich habe mich selber betrogen, weil ich einer Verführung unterlag." Dadurch wird der Blick zunehmend klarer. Scham oder Selbstverurteilung wären an dieser Stelle wieder ein schwächender Rückschritt, weil dies den Blick erneut trüben würde.

Je mehr wir unser Bewusstsein von Lügen, Illusionen und Fiktionen befreien, desto besser werden wir die wirkliche Wahrheit wahr-nehmen.

Nun könntest du mir fragend entgegenhalten, was denn in extremen Fällen mit der Reue ist? Beispielsweise begeht jemand einen Mord. Sicherlich ist dies in dem Zusammenhang ein grenzwertiges Beispiel. Im klassischen Sinne und nach herkömmlichen Verständnis würden wir denjenigen, der keine Reue für diese Tat zeigt, als unbelehrbar und kaltschnäutzig einschätzen. Das würde verhindern, demjenigen verzeihen zu können, weil nach bisheriger Vorstellung offenbar keine Einsicht besteht. Juristisch hätte dies ein höheres Strafmaß zur Folge. Allerdings kann diese Tat selbst durch Reue nicht ungeschehen gemacht werden. Insofern entspringt dies nur unserer Fantasie, sie würde dazu beitragen, dem Täter dadurch besser vergeben zu können.

Tatsächlich geht es auch hier um die eigene Erkenntnis und innere Einsicht des Täters, welches Leid er den Hinterbliebenen zugefügt hat und dass es ein großes Unrecht bedeutet, ein Leben gewaltvoll auszulöschen. Maßgebend für eine geläuterte Neuausrichtung des eigenen Verhaltens und Handelns ist also vielmehr der Bewusstseinsprozess, welcher dazu führt, sein Verhalten wenigstens für die Zukunft nachhaltig zu ändern und aus dieser Einsicht heraus um Vergebung zu bitten. Wer aus tiefstem Herzen und tiefer Überzeugung um Vergebung bittet und damit zum Ausdruck bringt, dass es ihm tatsächlich leid tut, dem kann auch vergeben werden. Insofern geht dieses einsichtige Verhalten und die herzliche Bitte auf der Beziehungsebene viel tiefer, als die bloße Reue. Die Tat als solche bleibt jedoch Bestandteil seines Lebens. Mit der Selbstreflexion sowie Aufarbeitung besteht die ehrliche Möglichkeit, dafür gewissenhaft die Verantwortung zu übernehmen. Eine andere Frage ist hingegen die gesellschaftliche Bestrafung im Rahmen des Rechtsystems als Sühne.

Genau das ist der entscheidende Aspekt vor allem bei allen sonstigen Lebensereignissen. Sobald ich die Verantwortung für meine Entscheidungen und Handlungen übernehme sowie die Konsequenzen dafür trage, komme ich aus der Selbstverurteilung, Verdrängung, Ignoranz und den Schuldzuweisungen heraus. Dadurch kann ich mir selbst vergeben, was mich klarer und freier fühlen lässt und meinem Umfeld auch diese Freiheit gewährt.

Sei mutig und zeige dich, wie du bist

Wirkliche Begegnung kann nur stattfinden, wenn jeder bereit ist, sich offen und ehrlich in seiner ganzen Persönlichkeit, in seinem vollständigen Sein authentisch zu zeigen. In echte, ehrliche Beziehung zueinander einzutauchen bedeutet, Schutzschilder, begrenzende Vorstellungen sowie „Cool sein" abzulegen und auch mal das Gefühlschaos im Miteinander auszuhalten. Sich zu stellen und nicht zu flüchten. Nur so können wir uns gegenseitig als ernstzunehmende, gleichberechtigte Subjekte voller Klarheit wahrnehmen sowie als Seelen liebevoll in Kontakt treten, um uns wechselseitig auf der tiefsten Ebene unseres SEINS zu berühren, zu bereichern und einander zu innerem Wachstum zu verhelfen. Indem ich mein Gegenüber bewusst kennenlerne und auf mich wirken lasse, lerne ich auch etwas Neues über mich, sofern ich das aufnehme und verarbeite, was er mir spiegelt. Das ist die Voraussetzung, um Vertrauen aufzubauen.

Angst beginnt im Kopf. Mut auch!

Man kann darüber streiten, ob Angst tatsächlich im Kopf beginnt oder durch ein Zusammenspiel mehrerer Faktoren im gesamten Organismus entsteht. Zumindest wird dieses Bauch-Gefühl im Hirn verarbeitet und durch den Abgleich mit früheren Erfahrungen verstärkt oder abgeschwächt. Letztlich ist es eine Entscheidung im Kopf, welchen Raum und welche Macht ich diesem Gefühl gebe. Genauso verhält es sich mit dem Mut. Diese Entscheidung kann ich in jeder Situation neu treffen. Um Angst zu bewältigen und Mut aufzubringen, ist zunächst erforderlich, anzuerkennen und anzunehmen, was ist. Das gilt übrigens für alle Gefühle.

Entspanne dich. Schau hin, was passiert. Indem wir weicher werden, zulassen können, öffnen wir uns dem Strom des Lebens mit Freude, Unbeschwertheit, Traurigkeit, Angst etc.

Lasse das wärmende Licht der Liebe hinein in dein weites Herz und dich davon berühren. Entzünde die Liebe, die stets in dir ist, weil du aus ihr entstanden bist. Nur wenn wir uns für die Liebe öffnen und hineinspüren, können wir uns wirklich selbst kennenlernen. Das ist ungewohnt, denn wir möchten die Dinge gerne im Griff bzw. unter Kontrolle haben und für manche Menschen sind Gefühle suspekt, weil sie diese mit dem Verstand nicht erklären können.

Ja, ich war auch jemand, der sein Leben immer im Griff haben wollte, der kopfgesteuert war und bestimmte Gefühle einfach weg haben wollte. Das ist die Herangehensweise mit dem Verstand. Heute weiß ich, wie schwer ich es mir damit gemacht habe. Denn wenn ich etwas im Griff haben will, kämpfe ich gegen bestimmte Situationen, in denen ich glaube, den Halt zu verlieren. Dadurch verkrampfe ich mich, was zur Folge hat, noch mehr zu versuchen, alles im Griff zu behalten. Es ist das Lebensprinzip des Festhaltens sowie des ständigen Forcierens und Planens durch das eigene Wollen. Da ich nicht freiwillig loslassen konnte, hat mich mein Körper auf sehr schmerzliche Weise dazu gezwungen. In den Jahren 2009 und 2010 hatte ich Burnout und Depressionen, welche mein Leben sehr einschneidend verändert haben. In der Phase der wachsenden Liebe zu meiner Frau, als wir zusammenziehen wollten, erwischte es mich eiskalt. Und plötzlich war die Liebe weg. Ich fühlte nichts mehr, außer gähnender Leere, Gleichgültigkeit und tiefer Trauer. Doch eines verlor ich nicht: Es war die **Hoffnung**, die meiner inneren Stimme sagte, dass es wieder aufwärts gehen kann, wenn ich an die **Liebe glaube** und sie auch lebe. Denn tief in meinem Innern flackerte das Lichtlein der Liebe weiter, auch wenn ich es inmitten der Depressionen nicht wirklich spüren konnte. Als meine Frau für einen Tag unsere Beziehung beendete, wurde ich kräftig wachgerüttelt. Ich wusste, dass ich sie nicht verlieren wollte und dies gab mir Kraft, mich wieder aus der Dunkelheit ins Licht zu begeben. Das waren natürlich viele kleine Schritte. Ich hatte den Mut und die Gewissheit, dass es weiter gehen wird und nicht nur das. Ich ahnte und spürte allmählich, dass sich mein Leben wandeln würde, einen neuen Sinn bekäme und dadurch besser, bunter, lebendiger, aufregender, spannender sowie liebevoller wird, als jemals zuvor. Ich war endlich mutig genug, mich vollständig zu zeigen, ohne Masken. Damit konnte sich meine wahre Persönlichkeit, mein wahrer Wesenskern erst so richtig entfalten. Und das Entblättern der Schalen oder das Abtragen von unnötigem Ballast findet weiterhin statt, sodass der Kern und das Licht der Liebe sich immer deutlicher, klarer und leuchtender zeigt.

Ich möchte an dieser Stelle auf das Neue Testament, 1. Korinther, Kapitel 13, verweisen, worin es eine für mich ganz zentrale, elementare Aussage gibt:

„Nun aber bleiben Glaube, Hoffnung, Liebe, diese drei; aber die Liebe ist die Größte unter ihnen."

Warum konnten Romeo & Julia (von William Shakespeare) ihre leidenschaftliche, einzigartige, starke und innige Liebe nicht leben?

Weil ihr Glaube daran und die Hoffnung, dass ihre Liebe alle Feindschaft und Hindernisse überwinden kann, nicht groß genug waren. Sie haben durch ihre unbewussten Zweifel dem Einfluss der äußeren Umstände mehr Raum und somit Macht gegeben, als ihrer Liebe.

Wahre Liebe findet immer einen Weg. Aber nur mit Glaube und Hoffnung führt er zum Ziel. Es ist diese Dreifaltigkeit, die uns die unbändige Kraft gibt, sich auf das Wesentliche und den wahren Sinn des Lebens zu konzentrieren, wodurch äußere Gegebenheiten und Widerstände unbedeutend werden können. Entscheidend ist demnach, worauf wir unseren Fokus ausrichten. Dies ist in unserer fremdgesteuerten Welt möglicherweise ein großer Schritt, aber nicht unmöglich. Es gibt genügend lebende Beweise.

Ich kenne Menschen mit extremen Schicksalsschlägen. Geliebte nahe Verwandte und Partner, die viel zu früh unerwartet aus dem Leben gerissen wurden und fassungslose Hinterbliebene zurückließen. Dennoch haben diese vom Leid gebeutelten Menschen nicht aufgegeben, mit Glaube und Hoffnung weiterhin der Liebe vertraut und Ja zum Leben gesagt.

Wenn wir von ganzem Herzen selbstbestimmt handeln wollen, dann bleibt uns nichts anderes übrig, als diesen mutigen Schritt zu wagen. Die vermeintliche Abhängigkeit von äußeren Zwängen ist im Grunde nur in unserer Vorstellung und wird allein dadurch bestärkt, dass sich eine große Masse ihnen fügt. Doch du hast deinen eigenen Willen, den du benutzen darfst. Und so gibt es immer wieder Menschen, die unbeirrt lieben und andere tun dies eben nicht, weil ihr Glaube an äußere Zwänge und sonstige Hindernisse größer ist.

Haben wir den Mut für Intimität? Sind wir bereit, uns ganz zu zeigen, Schicht für Schicht? Wagen wir es, uns vollständig und ohne Vorbehalte zu öffnen? In unserer Verletzlichkeit, mit unseren Zweifeln und Ängsten? Das ist sicherlich kein leichter Weg und oftmals schambesetzt. Aber es muss auch nicht immer so schwer sein, wie es bei mir war. Viele schrecken dennoch davor zurück, bleiben in der Verzagtheit und fühlen sich dann hilflos. Hilflosigkeit äußert sich neben Depression auch in Wut bzw. Aggression und diese schaden einem selbst sowie denjenigen, die damit konfrontiert werden. Eine schwierige Situation lässt sich nicht durch Aggression lösen. Im Gegenteil, sie verhärtet Konflikte. Bin ich dauerhaft wütend, schreie oder schlage ich bzw. fresse den Ärger in mich hinein. Es fehlt die lösungsorientierte Handlung. Durch die ständige Fixierung auf Probleme gebe ich meine Verantwortung ab und mache mich somit selbst zum Opfer. Im Grunde begebe ich mich als Erwachsener dadurch wieder in die Kindrolle, das trotzig reagiert, weil es noch keine Macht über sich und sein Leben hat. Aber wir haben als Erwachsene die Macht, wenn wir es uns bewusst machen und wirklich wollen.

Der konstruktive, lösungsorientierte Weg ist, Wut in Mut zu verwandeln. Dies ist möglich, wenn ich der Wut offen ins Gesicht schaue, die Ursachen ergründe und sie durchlebe. Sie will, wie alle Emotionen gesehen und gefühlt werden.

Nur Mut bringt Bewegung in Verkrustungen. Mit deinem Mut übernimmst du die Verantwortung für dein Leben und mit dieser Eigenverantwortung bist du aktiver

Gestalter, der mit Liebe sein Leben erfüllend kreieren kann und dadurch heilend auf das Ganze wirkt. Verantwortung übernehmen ist echte Selbstverwirklichung und damit eigene Potenzialentfaltung.

Mit steigendem Selbst-Bewusstsein wächst die Selbst-Erkenntnis, wodurch die Selbst-Liebe in ihre Fülle kommt. Diese wiederum stärkt die Selbst-Verantwortung, die sich in der Selbst-Wirksamkeit entfaltet. Durch diese schöpferische Selbst-Wahrnehmung kann ich immer besser „allem was ist" in Liebe und auf Augenhöhe begegnen. Und je mehr wir uns gemeinschaftlich auf Augenhöhe begegnen, um so stärker bereichern wir uns gegenseitig in Liebe. Dies alles erfolgt nicht nach dem Prinzip, dass erst die eine Voraussetzung erfüllt sein muss, um die nächste Stufe erreichen zu können, sondern es sind ständig ablaufende ineinanderfließende Prozesse innerhalb aller Interaktionen unseres Lebens, die unser inneres Wachstum ermöglichen, reifen lassen und vorantreiben, solange wir dies zulassen.

Bist du bereit, über deine eigenen Grenzen hinauszuschauen und Verantwortung für alle deine Lebensbereiche gleichermaßen zu übernehmen, dann kommt Klarheit und eine natürliche Struktur in dein Leben. In Zeiten weltweit ausbrechender Unruhen, chaotischer und absurder Sinnlosigkeiten sowie überschwappender Emotionen, bedeutet es oft Selbstüberwindung sowie großen Mut, ehrlich hinzuschauen und bei sich zu bleiben. Aber wer ehrlich zu sich selbst ist, bekommt nicht nur tiefere Einblicke, sondern die Macht über sein Leben zurück. Du erkennst immer bewusster, was du brauchst, um in der inneren Balance zu bleiben. Es entsteht immer mehr Klarheit und Wahrheit, welche sich in Wahrhaftigkeit verströmt, die sich in der authentischen Loyalität sich selbst gegenüber zeigt und dadurch echte Vertrauenswürdigkeit ausstrahlt. Damit nimmst du deine eigenen Bedürfnisse ernst und achtest auf sie.

Eines ist sicher: Sich zu öffnen bedeutet auch, verletzlich zu sein und möglicherweise schmerzhafte Erfahrungen zu machen, vor denen man sich bisher gerne schützen wollte. Der Lohn für unseren Mut ist Vertrauen. Tiefes Vertrauen in die eigene Kraft, die es uns ermöglicht, weiter zu gehen, als wir es bisher für möglich gehalten haben. Es bedeutet, unsichtbare Schranken aufzubrechen, die uns (unbewusst) gefangen hielten. Dies führt zu einer weltoffeneren Sicht und eröffnet neue (Lebens)-Räume. Damit ist Vertrauen gleichzeitig die stillste Art, Mut zu zeigen.

Diese positive Haltung zum Leben und zur Liebe erfordert immerwährende Übungen in sämtlichen Situationen, die uns geliefert werden. *„Übung macht bekanntlich den Meister,"* wie der Volksmund weiß. Erst durch ständige Wiederholung der frisch erworbenen Verhaltensweisen bilden sich die entsprechenden neuen Denk-Spuren vollständig in ihrer Breite und Stabilität aus. Dies zeigt sich auch in unserem Hirn durch neue neuronale Verbindungsstrukturen, die sich dadurch verfestigen können.

Dabei ist der Weg das Ziel. Nur du kannst den Weg in die Tat umsetzen. Er beginnt immer mit dem ersten Schritt. Begleitende Hilfestellungen kannst du stets finden, wenn du darum bittest.

Liebe braucht Mumm. Nur mutige Menschen können lieben. Feiglinge können das nicht. Denn die Liebe braucht das größte „Opfer" überhaupt, nämlich HINGABE. Mit dieser eigenen Hingabe öffnet sich die Welt für uns und zieht durch diese Schwingung andere Menschen an, weil wir Kraft, Vertrauen und Geborgenheit ausstrahlen. Es ist die Manifestation von Gelassenheit durch Geschehen lassen. Das macht uns in einer vermeintlich unsicheren Welt attraktiv. Wer sich attraktiv fühlt, fühlt sich glücklich. Wer glücklich ist, fühlt sich wohl und geborgen.

In der Liebe SEIN heißt, sie in sich selbst zu aktivieren und aus dieser inneren Quelle heraus zu schöpfen. Nur dann können wir aus tiefstem Herzen etwas geben.

Liebe lässt sich nicht suchen und auch nicht finden. Sie ist in dir, deine Essenz. Du bist Bewusstsein, auch wenn du es vergessen hast. Das, woraus du gemacht wurdest, was dich in deiner Seele zusammenhält und mit allem anderen verbindet.

Geben bedeutet empfangen. Alles was ich gebe, wird mir gegeben. Betrachte ich dies von der materiellen Ebene, ist alles begrenzt. Liebe ohne jede Bedingung und Erwartung ist jedoch unbegrenzt. Sie wächst, breitet sich aus und vereint uns mit anderen Menschen und allen Lebewesen. Sie überwindet jegliche Trennung. Liebe anzubieten ist die einzige Weise, in der ich selbst Liebe anbieten kann.

Ansonsten wollen wir zuerst nur vom anderen etwas haben, weil wir fürchten, zu kurz zu kommen. Dies lenkt den Blick immer auf das vermeintlich Fehlende und erzeugt Mangel. Was uns tatsächlich so fehlt, müssen wir zuerst in uns selbst entdecken, um in die Fülle zu kommen. Es ist der Wunsch nach Verbundenheit mit unserem Sein und in gleichem Maße die Freiheit zu leben. Dies ist kein Widerspruch und deshalb gehen wir nicht verloren. Nicht in Nähe und nicht in Freiheit. Was wir sind, kann nicht verloren gehen. Es ist immer da, in uns. Der Kern unseres Wesens. Daran unerschütterlich zu glauben, erfordert Mut und Vertrauen. In dem Maße, in dem wir uns unserer inneren Freiheit bewusst sind, können wir auch Nähe zulassen. Mut bringt uns in Bewegung. Er bringt uns ins Erleben. Mut ist das, was zählt. Er ist das Maß unseres Lebens. Und **Glaube, Liebe, Hoffnung** bestärken dich darin. Lebe dies! Durchbreche die innerlich akzeptierten Grenzen der Alltagsroutine. Erwache und erfahre dein wahres Potenzial. Es geht mehr als du denkst. Sei mutig. Wage es! Dann wird dich das Leben überraschen. Mit einer Fülle, Wärme und Intensität, die es in der Kälte von Hass, Ängsten und Wut niemals geben wird.

Liebe ist immer lebendige Gegenwart und damit ewig. Sie ist nicht „Ich will lieben" oder „Ich habe geliebt."

Deshalb liebe in jedem Augenblick. Mache dein Leben zu einer großen Liebes-Feier. Du bist ein wertvolles und vollkommenes Geschöpf, das es verdient, dieses Leben und die Liebe jetzt und immer zu genießen. **Glaube** daran, dass sich nichts und niemand gegen deine **Liebe** stellen kann und bleibe in der **Hoffnung**, dass alles einen tieferen Sinn hat und gut ist. Dies stärkt deine Gewissheit sowie das **Vertrauen**, dass immer für dich gesorgt ist.

Auf diese Weise können wir

Grenzenlos LIEBEN und Frei LEBEN.

Deine Liebe heilt dich und die Welt.

Sie überwindet alle Hindernisse.

Ist das nicht wunderbar?

Du bist ein Wunder und deshalb so wertvoll!

Wie wunderschön, dass es **D i c h** gibt!

„Jeder andere Mensch ist dein Gegenstück. Jeder andere Mensch besitzt und verkörpert Aspekte deines Selbst, deiner Träume, deines Kummers, deiner Hoffnung, dass das Leben mehr ist als nur ein schlechter Witz. Für jeden von uns gab es eine Zeit, in der die Welt jung war. Das war der Frühling der Seele, der durch den Winter der Unzufriedenheit auf die Probe gestellt wurde. In der Mitte eines jeden Lebens wartet der quälende Schatten des Todes. Aus diesem Grund sind wir uns alle sehr ähnlich, sind in unserem Kern sogar eins; sind wir alle in dem mysteriösen Unterfangen, dass das Leben ist, verloren und errettet. Bewahre diese Wahrheit in deinem Herzen, wenn du deinen täglichen Geschäften nachgehst. Dann wird die Welt nicht länger von Fremden bevölkert sein und das Leben nicht von Einsamkeit bestimmt."

„Wenn du deine Gefühle nicht direkt ausdrückst, machst du die Menschen in deiner Umgebung in gewisser Weise zu emotionalen Sklaven. Statt etwas zu riskieren und klar auszudrücken, was du fühlst und möchtest, manipulierst du dann andere durch Schweigen, Kranksein, Weggehen oder Launenhaftigkeit, um sie so dazu zu bringen, dich zu lieben. Die Unfähigkeit oder Unwilligkeit, deine Gefühle auszudrücken, ist eine Form der emotionalen Tyrannei und nicht, wie du vielleicht glaubst, eine Möglichkeit, deine Intimsphäre zu schützen. Sich anderen zu offenbaren macht verletzlich, aber genau das vertieft jede intime Beziehung. Sei also kein Angsthase; sage heute, was du fühlst. Indem du dieses beziehungsfördernde Risiko eingehst, stärkst du das Band der Liebe."

(Daphne Rose Kingma)

228

Zum Abschluss eine Geschichte, die den Sinn des Lebens und der Liebe sowie des Mutes deutlich macht:

„Gespräch zwischen Zündholz und Kerze" -

Weise Geschichte zum Nachdenken und Weiterschenken:

Es kam der Tag, da sagte das Zündholz zur Kerze: „Ich habe den Auftrag, dich anzuzünden."

„Oh nein", erschrak die Kerze, „nur das nicht. Wenn ich brenne, sind meine Tage gezählt. Niemand wird meine Schönheit mehr bewundern."

Das Zündholz fragte: „Aber willst du denn ein Leben lang kalt und hart bleiben, ohne zuvor gelebt zu haben?"

„Aber brennen tut doch weh und zehrt an meinen Kräften", flüstert die Kerze unsicher und voller Angst.

„Es ist wahr", entgegnete das Zündholz. „Aber das ist doch das Geheimnis unserer Berufung: Wir sind berufen, Licht zu sein. Was ich tun kann, ist wenig. Zünde ich dich nicht an, so verpasse ich den Sinn meines Lebens. Ich bin dafür da, Feuer zu entfachen.

Du bist eine Kerze. Du sollst für andere leuchten und Wärme schenken. Alles, was du an Schmerz und Leid und Kraft hingibst, wird verwandelt in Licht. Du gehst nicht verloren, wenn du dich verzehrst. Andere werden dein Feuer weitertragen. Nur wenn du dich versagst, wirst du sterben."

Da spitzte die Kerze ihren Docht und sprach voller Erwartung: „Ich bitte dich, zünde mich an!"

(unbekannter Verfasser)

Und hier noch etwas zum Nachdenken für Menschen, die das Messbare lieben und gerne mit Zahlen arbeiten:

„ZAHLENMYSTIK"

„Glaubst du wirklich, dass Zahlen dich verändern können?

Für Christen begann am 1.1. das Jahr 2023.
Für Juden hat am 26.9.2022 schon das Jahr 5783 angefangen.
Das chinesische Neujahrsfest ist am 22.1. 2023.

Islamische Länder beginnen am 29.7.2022 das Jahr 1444.

Buddhisten feiern am 1.1. den Eintritt in das Jahres 2567.

Nach hinduistischer Auffassung folgt Weltenzyklus auf Weltzyklus, wobei einer davon 311.040 Milliarden Menschenjahre dauert.

... Glaubst du wirklich, dass Zahlen dich verändern können?

Wenn du geboren wirst, hast du eine Idee davon, welches Jahr, welchen Monat, welchen Tag, welche Stunde es gerade dort schlägt, wo du gelandet bist? Wenn du stirbst, glaubst du, es macht einen Unterschied, ob nun Montag, Mittwoch oder Freitag ist? Wenn du wirklich meditierst, bist du genau in diesem Augenblick, der die Ewigkeit ist, der alle Zeit ist. Wenn du dir vornimmst zu meditieren, warum tust du es nicht jetzt? Glaubst du, dass der 27. April 2023 energetisch besser dafür geeignet ist?

Je materieller wir eingestellt sind, desto mehr werden uns die Zahlen verfolgen: das Geld, die Zeit, das Alter, der Body-Mass-Index, die PS unter der Haube, die Kabbalah – bis wir am Ende bei der 666 gestrandet sind.

Je spiritueller wir werden, desto weniger Bedeutung haben diese Dinge. Die Ewigkeit, der Himmel, das Paradies, unser Bewusstsein sind keine Rechenaufgaben und nicht geometrisch darstellbar oder geographisch einordenbar.
Gott ist kein Mathematik-Professor und niemand muss Algebraformeln pauken, um in den Himmel zu kommen, um meditierend ins Samadhi zu gelangen.

Gib dich nicht der Illusion hin, dass ein Vorsatz verknüpft mit einer imaginären Zahl (z.B. 2021) sich automatisch erfüllt. Das Leben ist hier und jetzt und nirgendwo und nirgendwann anders. Was du jetzt nicht änderst, wohin du hier nicht den ersten Schritt zu gehen beginnst, auf wen wartest du, der es für dich erledigt?

Wenn ich an Zahlen glaube, üben sie eine Macht über mich aus oder ich kann Magie mit ihnen betreiben. Doch das ist nichts als ein müßiges Spiel, bei dem man das wirkliche Leben verpasst. Wenn ich schenke und dabei an Zahlen denke, mache ich ein Geschäft. Wenn ich ein Treffen habe und dabei an Zeit denke, entsteht keine Begegnung. Gott regelt die Dinge. Das Universum ist Heimat für die, die im Vertrauen leben.
Trotzdem oder vielleicht gerade deshalb ein frohes 2023 !!!"

(Bhajan Noam)

Der Autor

 Martin Ortus, Jahrgang 1960, Vater eines erwachsenen Sohnes, ist aufgewachsen im hessischen Wetteraukreis und lebt seit 2010 in Südhessen. Zunächst als ausgebildeter Handelsfachwirt tätig, arbeitete er als Diplom Verwaltungswirt zuletzt über viele Jahre im Personalmanagement und verfügt außerdem über langjährige Erfahrung in der ehrenamtlichen Kommunalpolitik. Daraus ist sein erstes Buch „Ausgeklinkt" entstanden. Seine persönliche Bewusstseinsentwicklung sowie zahlreiche Weiterbildungen sorgten auf seinem spirituellen Weg für die Entfaltung verborgener Talente und Fähigkeiten, welche ihn immer mehr auf den Weg der bedingungslosen Liebe führte. Seit vielen Jahren begleitet Martin Ortus als Bewusstseins- & Beziehungs-Coach Menschen bei ihren individuellen Entwicklungsprozessen. Damit trägt er zu ihrer Potenzialentfaltung und Selbstheilung bei. Darüber hinaus hält er Vorträge über Wirtschaftsfragen, das Geldsystem sowie das Bedingungslose Grundeinkommen und bloggt in sozialen Netzwerken. Viele Inspirationen aus der neuen Zeitqualität der Transformation und den letzten Krisenjahren motivierten ihn zu seinem neuen Werk. Mit seiner Frau Birgit Aljana bietet er Paarbegleitungen an und fördert die Bildung sowie Vernetzung neuer Gemeinschaften auf Herzensebene.

Epilog

WIR SIND HIER UM ZU HEILEN,
NICHT ZU VERLETZEN.

WIR SIND HIER UM ZU LIEBEN,
NICHT ZU HASSEN.

WIR SIND HIER UM ZU SCHÖPFEN,
NICHT ZU ZERSTÖREN.

Frieden in der Welt entsteht erst durch den Frieden in uns

Es sind die Feindbilder und Vorurteile in uns, die wir - gebündelt mit hilfloser Wut, Neid, Eifersucht, Aggression und Rechthaberei - als Unfrieden nach Außen tragen.

Niemand ist völlig frei davon.

Alles beginnt mit unseren Gedanken, die durch Glaubensmuster sowie vermittelte Ideologien und Dogmen gefärbt sind. Dies findet über unsere Sprache dann auch den Weg zu unseren Taten.

Es braucht daher ein höheres Bewusstsein dafür, um mit einer ständigen Selbstreflexion einen Weg zur inneren Befreiung für Liebe und Frieden zu finden.

Es gibt nur den Weg der Liebe zur Heilung. Diese Heilung kann im Außen erst wirken, sobald wir den Raum dafür in uns selbst schaffen und uns der Liebe öffnen.

Wir leben bis heute in einem Wertesystem und einer Matrix der Angst. Das zeigt sich alleine schon daran, dass Menschen die Sicherheit im Außen suchen, statt in sich selbst. Deshalb wollen viele Kontrolle und Überwachung, ohne jedoch zu bemerken, dass sie nicht nur andere, sondern auch sich selbst damit fesseln.

Solange die Angst in den Menschen größer ist, als die Liebe, werden sie sich immer wieder manipulieren, aufhetzen und spalten lassen sowie nach Vergeltung schreien.

Corona sowie alle bisherigen Kriegs-, Terror- und sonstigen Krisenszenarien haben uns sehr deutlich gezeigt, wie Narrative inszeniert werden und Menschen reagieren, deren Angst geschürt wird. Auf diese Weise wurden und werden auch sämtliche Kriege angezettelt. Das Schreckliche an dem aktuellen Ukraine-Krieg ist, dass durch die verheerende Propaganda der Kriegsverherrlichung Friedensverhandlungen offenbar gar keine Option mehr darstellen, was die Eskalation zusätzlich verschärft.

Wer in Angst ist, geht auf Distanz zu seinen Nächsten.

Wer in Liebe ist, geht auf Menschen zu und sucht die Verbindung zu anderen.

Wir können nur in der persönlichen Begegnung einander intensiv kennenlernen sowie Liebe geben und uns im direkten Austausch darin bestärken sowie miteinander ständig Liebe üben.

Deshalb ist die Grundvoraussetzung, **miteinander auf Augenhöhe aus dem inneren, emotionalen, authentischen Impuls heraus zu reden, statt übereinander.**

Wer über andere redet, ist schnell im Urteil und behandelt sie dadurch als Objekte. Egal, ob er das will oder nicht.

Augenhöhe bedeutet eine Beziehung von Subjekt zu Subjekt.

Man wollte uns mit "Social Distancing" von dieser realen Begegnung zunehmend entfernen, um die Beziehungsebene zu schwächen.

Ich bin daher um so dankbarer dafür, dass sich immer mehr Menschen unbeirrt persönlich in liebevollen, friedlichen Gemeinschaften begegnen und sich zusammenschließen, um sich gegenseitig auf der Beziehungsebene zu stärken. Dies ist ein wertvolles Licht der Hoffnung für mich, dass Menschen wieder zueinander finden, weil sie spüren, dass sie im Geiste Gottes alle miteinander in Liebe verbunden sind.

WIR SIND EINE MENSCHHEITSFAMILIE UND ES WERDEN IMMER MEHR, DENEN DIES BEWUSST WIRD UND DANACH HANDELN!

Ich sende an ALLE, die im Unfrieden mit sich und in Angst sind, ganz viel Licht und Liebe! 🖤 🖤 🖤

Nur mit wahrhaftiger Liebe entsteht wahrer und nachhaltiger Frieden in der Welt!

In Liebe, Dein Bruder im Geiste,

Martin Ortus

Ortus ist mein spiritueller Name, der für mich von der geistigen Welt über ein Medium im Winter 2021 gechannelt wurde.

Ortus ist derjenige, der mit seinem kristallinen Licht-Schwert der Liebe dort für Klarheit sorgt, wo Verwirrung herrscht, damit Licht ins Dunkel kommt.

„Klarheit wirkt auf unklare Menschen

im ersten Moment häufig hart."

(Jan Göritz)

Mein Wunsch sowie meine Hoffnung ist, dass die Intention meines Buches insgesamt verständlich wurde und ich dadurch viele Menschen auf ihrem einzigartigen, freien Lebensweg begleiten darf, um sie in ihrer Authentizität und Selbstermächtigung zu bestärken.

Wechselseitige Inspiration und Bereicherung erhöhen unser evolutionäres individuelles sowie kollektives Wachstum und dienen somit der heilenden Liebe, welche auch die Erde heilt.

Mögen wir Menschen als bewusste Liebesdiener wieder eine liebevolle Gemeinschaft bilden, wie sie im folgenden schamanischen Gebet beschrieben wird:

DER STAMM DER UNGEZÄHMTEN
FRAUEN UND MÄNNER

"Die Menschen meines Stammes sind leicht zu erkennen: Sie gehen aufrecht, haben ein Funkeln in den Augen und ein Lächeln auf den Lippen.

Sie halten sich nicht für erleuchtet, doch sie wissen, dass sie heilig sind. Sie sind durch ihre eigene Hölle gegangen, haben ihre Schatten angeschaut und offenbart sowie ihre Dämonen verscheucht. Sie sind keine Kinder mehr und wissen wohl was ihnen angetan worden ist. Sie haben ihre Scham und ihre Wut ans Licht gebracht und dann die Vergangenheit abgelegt, die Nabelschnur abgeschnitten und von Herzen Vergebung ausgesprochen.

Weil sie nichts mehr verbergen wollen, sind sie klar und offen. Weil sie nicht mehr verdrängen müssen, sind sie voller Energie, Neugierde und Begeisterung. Ein Feuer brennt in ihren Herzen.

Die Menschen meines Stammes kennen den ungezähmten Mann und die ungezähmte Frau in sich und haben keine Angst davor. Sie halten nichts für gegeben und selbstverständlich, prüfen nach, machen eigene Erfahrungen und folgen ihrer göttlichen Intuition.

Männer und Frauen meines Stammes begegnen sich auf der gleichen Ebene, achten und schätzen ihr "Anders"-Sein, konfrontieren sich ohne Bosheit und lieben ohne Hintergedanken.

Leute meines Stammes gehen sehr oft nach innen, um sich zu sammeln, Kontakt mit ihrem Ursprung aufzunehmen, sich wieder zu finden, falls sie sich durch den Lärm des Lebens verloren haben. Und dann kehren sie gerne zu ihrem Stamm zurück, denn sie lieben es zu teilen und mitzuteilen, zu geben und zu nehmen, zu schenken und beschenkt zu werden.

Sie leben Wärme, Geborgenheit und herzliche Verbindungen. Getrennt fühlen sie sich nicht verloren wie kleine Kinder und können gut damit umgehen. Sie leiden aber sehr während Zeiten der Isolation und sehnen sich danach, mit ihren Brüdern und Schwestern ein Herz und eine Seele zu sein."

„Wie ich schon sagte, mein Ziel ist, die Menschen bedingungslos frei zu machen, denn ich behaupte, dass die einzige Spiritualität die Unbestechlichkeit des Selbst ist, denn diese ist zeitlos, sie ist die Harmonie zwischen Vernunft und Liebe. Das ist die absolute, unbedingte Wahrheit, sie ist das Leben selbst."

(Jiddu Krishnamurti)

HEILUNG ZWISCHEN MANN UND FRAU

"Hebt er sein Schwert und Schild, ist er eine Bedrohung.

Lässt er Schwert und Schild fallen, fühlst du dich instinktiv unsicher.

Das Dilemma unserer Zeit, in der Männer es Frauen nie recht machen können.

Wo Erziehung gegen das Ursprüngliche kämpft.

Wo du dich so gerne bei ihm fallen lassen möchtest, doch dann kommt die Angst und die Kontrolle siegt.

Ich tue mich gerade wirklich schwer diesen Text zu schreiben. Weil er auf der einen Seite sehr provokativ ist, und viele Frauen es in den falschen Hals bekommen können.

Und auf der anderen Seite möchte ich auch hier ein Thema darstellen, welches ganz viel zerstört und zu Trennungen führt. Ein Thema, was dazu führt, dass weder Frau noch Mann in ihrer Größe sind und sich so natürlich ergänzen können.

Wir leben in einer Zeit, wo ein großes Misstrauen von den Frauen gegen die Männer herrscht. Und alles Mögliche gemacht wurde, um die Männer schwach zu machen /halten, sie zu entwaffnen.

Die Frau fühlt sich dann im Kopf sicher, weil sie Kontrolle lebt.

Instinktiv auf ursprünglicher Ebene fühlt sie sich aber tief unsicher.

„Wenn dein Mann nicht mal bei dir sein Schild & Schwert

oben halten kann, wie kann er dich beschützen bei Bedrohungen im Außen?"

Das ist dieses instinktive Testen, was ihr Frauen macht.

Das Problem ist, dieses „Instinktive Testen" ist aus dem Ruder gelaufen. Aus Testen wurden Messer, die ständig auf das Herz des Mannes eintreffen.

Denn ihr Frauen wisst genau was ihr tun und sagen müsst, um ihm im Herzen zu treffen. Ihr habt da so einen Radar, der ursprünglich so angelegt ist. Der überprüft: "Kann der Mann mich und meine Kinder beschützen, versorgen, führen, gerade in den verletzlichen Phasen der Schwangerschaft."

Wusstest du, dass das Herz die verletzlichste Stelle des Mannes ist?

Nur wenn er sein Herz wahren kann, kann er ganz für dich da sein.

Und hier kommt das Dilemma unserer Zeit. Hebt er Schwert und Schild, um sein Herz zu bewahren, wird er als Bedrohung gesehen, er steht grundsätzlich unter Täterverdacht in unserer Gesellschaft.

Der "böse Unterdrücker", der dir als Frau deine hart erkämpfte Freiheit wegnimmt.

Oder ist es eher so, dass er die Willkür der Frau, die natürlich in euch angelegt ist, wieder in Bahnen bringen kann? So, dass du als Frau wieder fließen kannst?

Und genau das lässt dein System wieder entspannen, wenn der Mann dir Grenzen setzt, die Führung übernimmt, Rahmen baut welche die Willkür wieder in geordnete Bahnen bringt.

Gerade am Anfang spielt dein Kopf Krieg, möchte sich

dagegen wehren.

Ich lasse mich sicher nicht von diesem dominanten Mann unterdrücken, einengen. Sagt die Erziehung.

Gleichzeitig sagt dein Instinkt, wow, endlich kann ich mich wieder entspannen.

Danke dir Mann, dass du dich nicht der Gesellschaft unterwirfst.

Danke Mann, dass du dich nicht dem kollektiven Schmerz in uns Frauen unterwirfst.

Danke Mann, dass du dich nicht mehr von meiner eigenen Unsicherheit, der Angst vor dem Männlichen, und dem Schmerz in mir kontrollieren lässt.

Und bis der Kopf ruhig ist, dauert es.

Bis das Nervensystem der Frau sich wieder beruhigt, dauert es.

Bis der weibliche Instinkt, das ursprüngliche in der Frau wieder stärker wird, dauert es.

Bis dahin wird sie gegen dich kämpfen, weil sie Angst vor dir und deiner Kraft als Mann hat.

Doch irgendwann wird sich diese Angst wieder in Vertrauen, Respekt und Liebe wandeln für deine Männlichkeit.

Bis dahin müssen wir Männer stark bleiben. Die Messer aus unserem Herzen ziehen, beginnend von denen deiner Mutter. So dass unser Männerherz wieder rein wird. Denn wir brauchen Eier & Herz.

Und du liebste Frau, darfst dich selber immer wieder stoppen. Deine bewaffneten Gedanken fallen lassen und stattdessen verletzlich deine Unsicherheiten, Ängste, und

Schmerzen ausdrücken. Denn dort darfst du deine Kontrolle leben, in dem du da wieder volle Verantwortung für all deine Empfindungen, Gefühle und Emotionen übernimmst.

Dies ist wichtig, damit dein Verhalten nicht durch deine unbewussten Unsicherheiten, Ängste uns steuert, womit du die Menschen um dich herum verletzt und wegstößt. Denn das ist eigentlich das Letzte, was du möchtest.

Deine eigene Unsicherheit/Überforderung/Dein Frust... ist kein Freischein für Verurteilung & Kontrolle!

Was wäre nun ein schöner Weg?

Für den Mann:

„Frau ich sehe dich in deinem Schmerz, gib mir dein Messer und ich führe dich wieder in dein Herz & Schoß. Dieser alte kollektive Schmerz wird mit uns beiden nun ein Ende finden. Ich liebe dich Frau und möchte dein reines Herz, deine Unschuld bewahren."

Für die Frau:

„Mann im Mann, ich sehe dich hinter deinen Verletzungen die wir Frauen dir zugefügt haben. Bitte Krieger hilf mir, ich weiß selbst nicht, wie ich mit all dem in mir umgehen kann. Ich fühle mich so unsicher und ich möchte dich nicht kontrollieren. Ich möchte dich nicht verletzen. Bitte führe mich durch diesen Schmerz, alleine schaffe ich es nicht. Denn dann hätte ich es schon längst getan. Ich glaube an dich und vertraue dir Mann im Mann."

Niemand ist wirklich schuld daran, dass es aktuell so ist. Der Zeitgeist hat einfach schwache Männer und ängstliche Frauen kreiert. Jetzt ändert sich aber die Zeit wieder. Der Schmerz wurde zu groß auf beiden Seiten. Die Männer kommen wieder in ihre Kraft und die Frauen erkennen wieder ihre Stärke in der Schwäche, ihre Stärke in der Weichheit. Sie erlauben sich wieder verletzlich zu sein und finden den Mut wieder dem Männlichen zu vertrauen."

Dein René

PS:

„Es geht nicht darum, dass du blind vertraust, liebste Frau. Es geht darum, dass das verletzte Mädchen diese Messer wieder fallen lassen darf und sich selbst fallen lassen darf. Wo der Kampf des Mädchens ein Ende findet und die Frau wieder ihren Thron im Schoße einnimmt. Denn auch sie führt dich! Aber das kann sie nur, wenn das verletzte Mädchen nicht die Oberhand hat. Und ja, es gibt wenige Augenblicke - da musst du dich vor dem verletzten Mann schützen. Wenn die Löwin dann aber aus deinem Schoß wie eine Flutwelle ausbricht, dann hat es Wirkung. Dann bringt es Veränderung und das wird auch vom Mann respektiert - ohne ihn dabei zu verletzen."

(Netzfund)

Die bewusste Frau
und der bewusste Mann

Eine bewusste Frau, bettelt nicht um Aufmerksamkeit
und erst recht nicht um Liebe.

Sie weiß, ein Mann der sie nicht sieht, kann ihr nichts
geben.

Sie weiß, ein Mann, dessen tiefster Wunsch es ist, sie zu
sehen und zu ehren, der wird alles tun, um Ihr
Aufmerksamkeit und Liebe zu schenken.

Ein Mann der sie nicht sieht, hat nichts für sie Wertvolles
zu geben.

Ein Mann der mit seinem Job prahlt,

mit seiner Leistungsbereitschaft,

mit seinem Geld,

oder damit, wen er kennt, und welchen exklusiven Clubs
er angehört, der hat einer bewussten Frau nichts zugeben.

Er ist emotional leer!

Eine bewusste Frau, wählt nur einen Mann, der den König
in sich entdeckt hat.

Alles andere ist für sie nur eine hübsche Zugabe!

Aber es würde sie niemals emotional nähren.

Sie weiß, jeder Mann der SIE nicht sieht, würde ihr
jegliche Energie stehlen.

Nein, das lässt sie nicht zu.

Ein Mann, der ihr Äußerlichkeiten anbietet, hält seine

Gefühle zurück.

Er ist so sehr geprägt, von unserer Leistungsgesellschaft, dass er glaubt, eine Frau mit Äußerlichkeiten beeindrucken zu können.

Er bietet ihr Oberflächlichkeiten an, und erwartet von der Frau tiefe Gefühle!

Sie soll ihn lieben um seiner selbst willen.

Sie kann sein selbst aber nicht lieben, weil er es ihr nicht zeigt!

Er zeigt ihr den erfolgreichen Geschäftsmann,

den schwer und hart arbeitenden Handwerker,

den coolen Macher.

Aber er zeigt ihr nicht, wer er wirklich ist.

Eine bewusste Frau erkennt das Spiel!

Sie weiß genau, so ein Mann ist ein Energiedieb.

Eine Frau, die sich von Oberflächlichkeiten beeindrucken lässt, hat ebenfalls nichts zu geben.

Sie sieht IHN nicht, sie sieht den erfolgreichen Geschäftsmann,

den angesehenen Macher, den reichen Typ der ihr ein Luxusleben bietet,

Aber den Mann sieht sie nicht! Wie auch, den zeigt er ihr ja nicht!

Sie lässt sich kaufen!

Ansehen, Luxus und vielleicht sogar Macht für Gefühle!

Das Paradoxe aber ist, die Gefühle dieser Frau sind nicht echt!

Können sie auch nicht sein, denn sie sieht ihn ja garnicht.

Sie sieht nur das, was er ihr anbietet. Geld, Ansehen und Macht.

Beide bleiben leer, und geben dem Anderen die Schuld am scheitern.

Sie drehen sich noch eine Weile im Kreis, um die Liebe, die sie wollen, an anderer Stelle zu finden, und werden auch dort kläglich scheitern.

Erst wenn sich die Frau ihrer Selbst bewusst wird, weiß sie genau was sie nährt!

Und dann kann sie nur noch einen Mann zulassen, der sie sieht.

Ein Mann, der nicht ihre hübsche Hülle, ihre Qualitäten als Köchin, Reinigungsfrau, Mutter, oder sie als Trophäe will, sondern ein Mann, der die Frau in ihr sieht!

Der von ihrer Art sich zu bewegen, von dem Glanz in ihren Augen, von dem Lächeln in ihrem Gesicht, von der Ruhe, die sie ausstrahlt und von Ihrem liebevollen, geöffneten Herz beeindruckt ist.

Alles andere ist für ihn nur eine hübsche Zugabe!

Und dieser Mann, der das sieht, wird alles tun, um in Ihrer Nähe zu sein.

So ein Mann schenkt ihr alle Aufmerksamkeit die er hat und sein starkes liebevolles Herz, denn er weiß, diese Frau hat zu geben und sie gibt, sie kann nicht anders.

Er weiß so eine Frau transformiert ihn!

Sie macht aus dem erfolgreichen Geschäftsmann - einen liebenden Mann.

Aus dem schwer und hart arbeitenden Handwerker - einen

zärtlichen Mann

Aus dem coolen Macher - einen herzoffenen Mann.

Von daher weiß eine bewusste Frau, sie braucht nicht zu betteln oder fordern, denn da wo sie es nicht freiwillig bekommt, gibt es für sie auch nichts!

(© Dagmar Welz)

„Liebe dich selbst.
Denn wenn du anfängst, dich selbst zu lieben,
ziehst du alles an, was auch dich liebt."

(Martin Ortus)

„Wer um jeden Preis alles mit-macht,
verliert seine eigene Macht
und endet in Ohn-macht."

(Martin Ortus)

„Wer nicht mehr im Kampf des Wider-stands ist,
sondern der Versuchung wider-steht,
wird zum Schöpfer seines Lebens."

(Martin Ortus)

Jemand fragte mich:

„Hast du keine Angst vor dem Zustand der Welt?"

Ich erlaubte mir zu atmen und sagte dann:

„Das Wichtigste ist, nicht zuzulassen, dass deine Angst darüber, was in der Welt passiert, dein Herz erfüllt. Wenn dein Herz voller Angst ist, wirst du krank und kannst nicht helfen."

Es gibt vielerorts große und kleine Kriege, die dazu führen können, dass wir unseren Frieden verlieren.

Angst ist die Krankheit unserer Zeit.

Wir machen uns Sorgen um uns selbst, unsere Familie, unsere Freunde, unsere Arbeit und den Zustand der Welt.

Wenn wir zulassen, dass Sorgen unser Herz füllen, werden wir früher oder später krank.

Ja, es gibt überall auf der Welt enormes Leid, aber das zu wissen, muss uns nicht lähmen.

Wenn wir achtsames Atmen, achtsames Gehen, achtsames Sitzen und achtsames Arbeiten üben, versuchen wir unser Bestes, um zu helfen, und wir können Frieden in unserem Herzen haben.

Sorgen bringen nichts.

Selbst wenn Sie sich zwanzigmal mehr Sorgen machen, wird dies die Situation der Welt nicht ändern.

Tatsächlich wird Ihre Angst die Dinge nur noch schlimmer machen.

Auch wenn die Dinge nicht so sind, wie wir es gerne hätten, können wir dennoch zufrieden sein, weil wir wissen, dass wir unser Bestes geben und dies auch weiterhin tun werden.

Wenn wir nicht wissen, wie wir atmen, lächeln und jeden Moment unseres Lebens tief leben können, werden wir niemals jemandem helfen können.

Ich bin glücklich im gegenwärtigen Moment.

Ich verlange nichts weiter.

Ich erwarte kein zusätzliches Glück oder Bedingungen, die noch mehr Glück bringen.

Die wichtigste Übung ist Ziellosigkeit, nicht hinterherlaufen, nicht greifen…"

(Thích Nhất Hạnh)

Entfaltung

„Immer wieder erblüht neu
endlos ein Kaleidoskop
von Farben, Formen, Düften,
Licht und Schatten,
Zeit und Raum.

Entfaltung aus Vollkommenheit
reicht unendlich weit:
Spektren von Reinheit des Lichts
über Regenbögen unerschöpflicher Vielfalt und Schönheit
bis tief in die Macht der Finsternis pur.

Alles trägt in sich den göttlichen Funken,
den Keim seiner Herkunft
in kosmischen Winden,
im ewigen Kreislauf
von Werden, Sein und Vergehn.

Freud und Leid, Liebe und Hass, Leben und Tod
scheinbar getrennt, untrennbar verbunden.
In allem ruht verhüllt das Geheimnis,
unzerstörbar der Diamant.

Alles kehrt wieder zum Ursprung zurück.

Wandel schließt immer den Kreis.
Was bleibt ist Geborgenheit,
allumfassende Liebe.
Sie umschließt, vereint das Getrennte.
Im Wandel, im Kosmos geht nichts verloren.

Dort wartet stets lichtvoll,
ein neuer Morgen.
Vom Nebel befreit,
leuchtet, strahlt dann der Götterfunke,
jubelt Gesang von himmlischen Chören."

(Katharina Fauldrath, 17.5.2024)

„Pflichtbewusstsein ohne Liebe macht verdrießlich

Verantwortung ohne Liebe macht rücksichtslos

Gerechtigkeit ohne Liebe macht hart

Wahrhaftigkeit ohne Liebe macht kritiksüchtig

Klugheit ohne Liebe macht betrügerisch

Freundlichkeit ohne Liebe macht heuchlerisch

Ordnung ohne Liebe macht kleinlich

Sachkenntnis ohne Liebe macht rechthaberisch

Macht ohne Liebe macht grausam

Ehre ohne Liebe macht hochmütig

Besitz ohne Liebe macht geizig

Glaube ohne Liebe macht fanatisch"

(Lao-tse)

Ein Schamane wurde gefragt:

Was ist Gift?

„Alles, was über das hinausgeht, was du brauchst, ist Gift.

Es kann Macht, Faulheit, Essen, Ego, Ehrgeiz, Eitelkeit, Angst, Zorn oder was auch immer sein.

Was ist Angst?

Sie ist die Nichtakzeptanz von Ungewissheit. Wenn wir die Unsicherheit akzeptieren, wird sie zum Abenteuer.

Was ist Neid?

Es ist die Nichtakzeptanz des Guten in anderen Menschen. Wenn wir das Gute akzeptieren, wird es zur Inspiration.

Was ist Zorn?

Es ist die Nichtakzeptanz dessen, was außerhalb unserer Kontrolle liegt. Wenn wir das akzeptieren, wird es zu Toleranz.

Was ist Hass?

Es ist die Nichtakzeptanz von Menschen, wie sie sind. Wenn wir sie bedingungslos akzeptieren, wird daraus Liebe."

(Netzfund)

Die Quellen können, soweit sie nicht bereits im Text genannt wurden, alle aus Wikipedia entnommen werden.